U0897611

蒙古族发轫于平均海拔一千五百八十米的蒙古高原，始源于干流九百七十公里的望建河，游牧在蓝天白云下的辽阔草原，纵横驰骋在疾驰的马背上，以豪迈英勇著称于世，以多彩多姿令人瞩目，以所向无敌演绎传奇并书写历史。

走近中国少数民族丛书

主　编/丹珠昂奔

# 蒙古族

Mengguzu

萨仁图娅　著

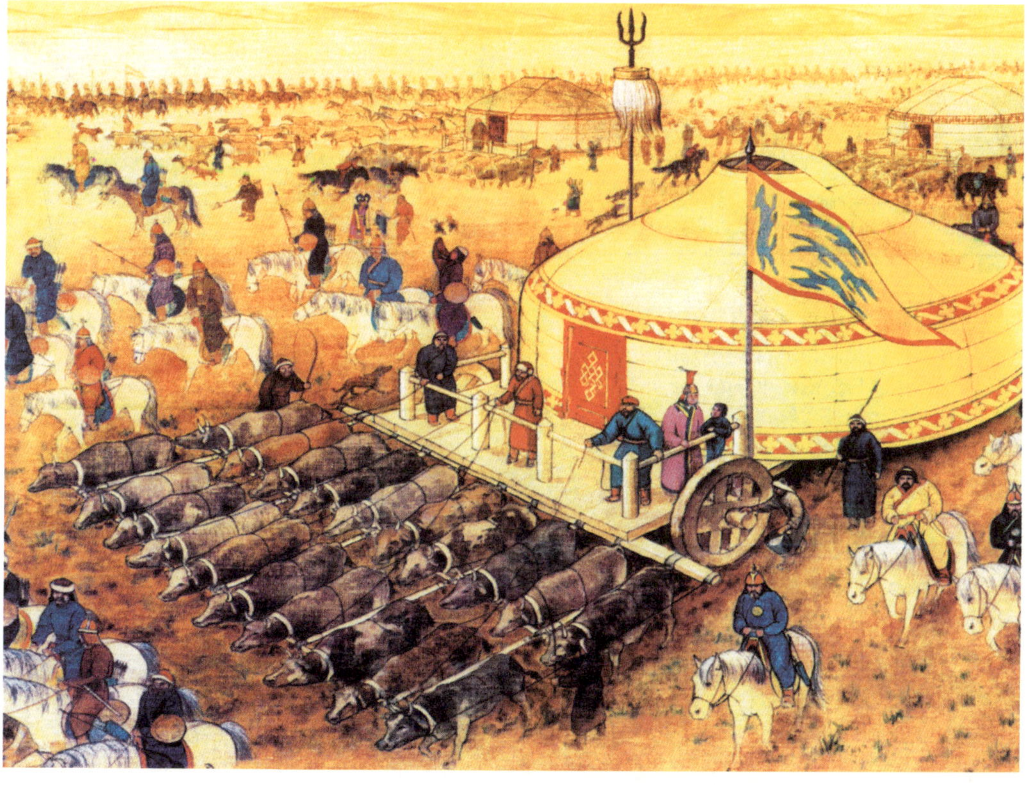

辽宁民族出版社

**图书在版编目（CIP）数据**

蒙古族 / 萨仁图娅著. —2版. —沈阳：辽宁民族出版社，2014.12

（走近中国少数民族丛书 / 丹珠昂奔主编）

ISBN 978-7-5497-0977-9

Ⅰ. ①蒙… Ⅱ. ①萨… Ⅲ. ①蒙古族—民族历史—中国 ②蒙古族—民族文化—中国 Ⅳ. ①K281.2

中国版本图书馆CIP数据核字（2014）第310597号

**走近中国少数民族丛书·蒙古族**

ZOUJIN ZHONGGUO SHAOSHUMINZU CONGSHU·MENGGUZU

丛书策划 / 李凤山

出版发行者：辽宁民族出版社
地　　址：沈阳市和平区十一纬路25号　邮编：110003
印 刷 者：沈阳市北陵印刷厂有限公司
幅面尺寸：170mm×240mm
印　　张：14.5
字　　数：210千字
出版时间：2014年12月第2版
印刷时间：2014年12月第1次印刷
责任编辑：李凤山　吴昕阳　朱　虹
封面设计：杜　江
责任印制：杨　雪
责任校对：边京爱　林　华

标准书号：ISBN 978-7-5497-0977-9
定　　价：38.00元

法律顾问：陈　光
举报电话：024-23284336

邮购电话：024-23284335
联系电话：024-23284340
网　　址：www.lnmzcbs.com
淘宝网店：lnmz2013.taobao.com

# 《走近中国少数民族丛书》编辑委员会

# 《走近中国少数民族丛书》作者名录

《蒙古族》 萨仁图娅（蒙古族）
《回族》 许宪隆（回族） 张龙（汉族）
《藏族》 丹珠昂奔（藏族）
《维吾尔族》 艾克拜尔·吾拉木（维吾尔族）
买力克·买买提（维吾尔族）
伊利迪尔（维吾尔族）
《苗族》 石莉芸（苗族） 李云兵（苗族）
《彝族》 陈国光（彝族）
《壮族》 黄佩华（壮族）
《布依族》 周国炎（布依族）
《朝鲜族》 黄有福（朝鲜族）
《满族》 于今（满族）
《侗族》 杨筑慧（侗族）
《瑶族》 玉时阶（壮族）
《白族》 董建中（白族）
《土家族》 罗中（土家族） 罗午（土家族）
《哈尼族》 朱志民（哈尼族） 李泽然（哈尼族）
《哈萨克族》 艾克拜尔·米吉提（哈萨克族）
伊拉达·拉音别克（哈萨克族）
《傣族》 赵瑛（傣族）
《黎族》 罗文雄（黎族）
《傈僳族》 鲁建彪（傈僳族） 欧光明（傈僳族）
《佤族》 郭锐（佤族）
《畲族》 钟亮（畲族）
《台湾少数民族》 林华（台湾少数民族）
《拉祜族》 苏翠薇（拉祜族）
《水族》 韦学纯（水族）
《东乡族》 马兆熙（东乡族） 马自祥（东乡族）
《纳西族》 白庚胜（纳西族） 孙淑玲（汉族）
白羲（纳西族）
《景颇族》 金黎燕（景颇族）
《柯尔克孜族》 阿地里·居玛吐尔地（柯尔克孜族）
《土族》 祁进玉（土族） 东永学（土族）
《达斡尔族》 毅松（达斡尔族）
《仫佬族》 黎学锐（仫佬族） 黎炼（仫佬族）
《羌族》 雍继荣（羌族） 罗吉华（羌族）
周发成（羌族）
《布朗族》 陶玉明（布朗族）
《撒拉族》 马成俊（撒拉族） 马建新（撒拉族）
《毛南族》 韩德明（汉族）
《仡佬族》 周小艺（仡佬族）
《锡伯族》 阿苏（锡伯族） 盛丰田（锡伯族）
何荣伟（锡伯族）
《阿昌族》 们发延（阿昌族） 张斯齐（蒙古族）
《普米族》 朱凌飞（汉族） 杨周明（普米族）
《塔吉克族》 西仁·库尔班（塔吉克族）
阿力木江·西仁（塔吉克族）
《怒族》 李月英（傈僳族） 张芮婕（傈僳族）
《乌孜别克族》 吾尔买提江·阿布都热合曼（乌孜别克族）
《俄罗斯族》 乃珂热曼·依布拉音（塔吉克族）
《鄂温克族》 黄任远（汉族） 那晓波（鄂温克族）
《德昂族》 袁丽华（汉族） 王燕（汉族）
《保安族》 马少青（保安族）
《裕固族》 董潇红（裕固族） 王政德（藏族）
《京族》 吕俊彪（汉族）
《塔塔尔族》 卡米力·库尔马尤夫（塔塔尔族）
《独龙族》 李金明（独龙族）
《鄂伦春族》 王为华（汉族）
《赫哲族》 黄任远（汉族）
《门巴族》 陈立明（汉族） 张媛（汉族）
《珞巴族》 陈立明（汉族） 李锦萍（汉族）
《基诺族》 朱映占（汉族）

# 总序

中国是一个统一的多民族国家，几千年来，有着悠久历史和灿烂文化的少数民族，与汉族一道，在中华大地上繁衍生息，共同开发着这块土地，建设、发展、捍卫着这个古老而伟大的国家。各民族都是兄弟，相互离不开，都是这个国家的主人。习近平总书记在第二次中央新疆工作座谈会上发表重要讲话，指出："要坚定不移坚持党的民族政策、坚持民族区域自治制度。民族团结是各族人民的生命线。要高举各民族大团结的旗帜，在各民族中牢固树立国家意识、公民意识、中华民族共同体意识，最大限度团结依靠各族群众，使每个民族、每个公民都为实现中华民族伟大复兴的中国梦贡献力量，共享祖国繁荣发展的成果。各民族要相互了解、相互尊重、相互包容、相互欣赏、相互学习、相互帮助，像石榴籽那样紧紧抱在一起。要在各族群众中牢固树立正确的祖国观、民族观，弘扬社会主义核心价值体系和社会主义核心价值观，增强各族群众对伟大祖国的认同、对中华民族的认同、对中华文化的认同、对中国特色社会主义道路的认同。"因此，坚持平等、团结、互助、和谐的社会主义民族关系，不断增进了解、紧密关系，深化友谊、建立牢不可破的感情基础，是中国社会转型期、改革攻坚期、矛盾多发期保持社会稳定、发展的基本要求，也是实现中华民族伟大复兴的中国梦的基本要求。

为了进一步宣传我国少数民族的历史文化和民族风情，增强对少数民族的认识，宣传党的民族政策和方针，加强各民族之间的了解与沟通，让读者了解少数民族文化，加深对我党民族政策的理解，中华人民共和国国家民族事务委员会文化宣传司和辽宁民族出版社共同策划了《走近中国少数民族丛书》。

依据上述原则，《走近中国少数民族丛书》的编写有以下三个特点：第一，采用图文并茂的形式、鲜活生动的语言、特色浓郁的图片以及丰富的民族常识链接，向读者展示我国55个少数民族的历史渊源、民族变迁、社会生活、文化艺术、风俗习惯、历史人物和民族区域自治政策的伟大实践。第二，作者多为本民族专家学者和与民族研究工作相关的专家学者，对自己撰述的对象既有深厚知识积累，也有真挚情感。第三，内容彰显了历史与现实、民族文化与地域文化、民族区域自治地方与散杂居地区少数民族生产生活的多彩画卷和轨迹，引导读者走近少数民族，聆听他们的古老传说，感受他们的发展变化，加深彼此的沟通和了解。这套《走近中国少数民族丛书》是面向民族干部和各级干部通览我国少数民族概况的普及读本，也是图书馆必备藏书。

《走近中国少数民族丛书》所揭示的每一个民族的历史，都承载着这个民族的文化，也承载着这个民族的发展和未来。中华大地孕育的55个少数民族多彩斑斓的民族文化，同汉族文化一道从远古走到今天，汇入了中华文化壮阔的历史长河。“共同团结奋斗，共同繁荣发展”，保护、传承和弘扬少数民族优秀文化，不仅是推动我国民族团结进步事业的重要内容，也是构建和谐社会、实现中华民族伟大复兴的中国梦的重要使命。期待通过《走近中国少数民族丛书》，使广大读者徜徉于少数民族多彩风情的同时，更加深刻地了解和认知中华民族多元一体的文化内涵，感受中华民族悠悠历史的深远与厚重。

丹珠昂奔

2014年6月26日

# 前言

## 演绎英雄史诗的蒙古族

巍巍中华，各族人民，其中的蒙古族，在人类历史舞台上扮演过重要角色，以至极大程度地对整个人类历史进程产生过重大而深远的影响。

蒙古族发轫于平均海拔1580米的蒙古高原，始源于干流970公里的望建河（今额尔古纳河），游牧在蓝天白云下的辽阔草原，纵横驰骋在疾驰的马背上，以豪迈英勇著称于世，以多彩多姿令人瞩目，以所向无敌演绎传奇并书写历史。

公元13世纪因为蒙古族而天翻地覆,分裂了四百余年的中国完成第四次大统一,更重要的是中国打破闭关自守的局面，真正开始走上世界历史舞台。

“蒙古”者，即长生的或永恒的部落，原是繁衍生息在我国北方大草原上的游牧部落，自古以来就是祖国大家庭中的重要成员。从13世纪始，纵横东西、叱咤风云的蒙古族，成为全世界瞩目的英雄民族。

马头琴、弓箭、彩绘、骑兵俑，辽阔的大草原，不息的河流湖泊，永恒的长生天，星罗棋布的蒙古包，珍珠般的羊群，奔驰的骏马以及牛、骆驼，乃至草原狼，还有天籁般的蒙古长调、悠扬的马头琴——这些构成了蒙古人的生存环境和伴生要素，也展示着多彩的生活场景。

崇尚大自然，敬畏长生天，是蒙古族的民族天性。大草原是蒙古民族游牧的天堂，是其生态文明的生动写照。据说，当一个孩子问他母亲，我们蒙古人为什么总是游牧和迁徙？就不能定居在一个地方吗？他母亲就告诉他说，如果在一个地方定居，那么地母神会很疼的。蒙古人世世代代与草原相依共存，最挚爱大自然的是蒙古人！蒙古族同草原与草原上的万物相依存，四季游牧就是为了减轻草原和草场的压力而形成的一种生活与生产方式，确保了牧草和水源的生生不息和永不枯竭。成吉思汗《大札撒》

中规定：不得损坏土壤，严禁破坏草场；不得将奶食与其他食物洒于地上……蒙古族生态文化是蒙古族游牧文化的实质和核心，蒙古人的生态保护意识及所形成的习俗和风尚，充满了深邃的智慧。

英勇无畏，豪迈绝伦，是蒙古族的民族特征。这个伟大的民族养育出一位杰出的儿子——成吉思汗——一个永远具有无限魅力的世界风云人物。成吉思汗被称作“缔造全球化的世界第一人”。《纽约时报》《出版家周刊》《华盛顿邮报》等一致推荐，成吉思汗被评为“千年风云人物第一人”。800多年来，成吉思汗的名字和故事，在世界各地传扬。

大哉乾元，中华一统，蒙古族曾建立起中国第一个少数民族政权，缔造了世界史上版图最大的草原帝国。吐蕃曾游离于华夏文化圈之外，直到唐代，才有了文成公主、金城公主的两次入藏，相互遣使通好，但并不意味着吐蕃已经成为唐朝的藩邦。元朝时期，蒙古人的铁骑跃过高达2000米的台阶，突破吐蕃人依为藩篱的天然屏障，使向来以强悍著称的高原人俯首称臣，“世界屋脊”第一次成为中央帝国的领土。还有“滇池檄西南，疆理亦中州”，到了元代，西南宾服与云南行省的设置，成吉思汗的子孙完成了把西南纳入中央版图的使命。尤其是忽必烈的“鼎新革故，务一万方”，促进了民族大融合，推进了中国统一的多民族国家格局的形成和发展。元朝是中国历史上版图最大的国家，草原帝国的骁勇善战，至今仍令世人产生敬畏之感。

斑斓多彩，绚丽多姿，蒙古族生存的草原是孕育并衍化绚丽文化的草原，是足以融化心灵的地方。旋律壮美悠扬的马头琴是蒙古族音乐的象征；天籁般的蒙古族长调民歌是世界非物质文化遗产；《蒙古秘史》等蒙古族典籍，已被联合国教科文组织确定为世界著名文化遗产；著名的英雄史诗《江格尔》是中国三大英雄史诗之一；《饮膳正要》被列为对世界文明贡献卓著的重要医学发明成果之一。

青史层楼，笔墨丹青，蒙古族文化巨人尹湛纳希，是成吉思汗黄金家族第二十八代嫡孙，是蒙古文学的开创者，是蒙汉文化交流的先驱者。他精通蒙古、汉、藏、满和梵文，以《一层楼》《泣红亭》《红云泪》等长篇小说以及《大元盛世青史演义》长篇巨著名世。况且，尹湛纳希一门父子五作家，在中国文学史上绝无仅有，在世界文学史上也属罕见。

英雄壮举，万里东归，蒙古族人具有强烈的实现英雄壮举的天性。震惊中外的土尔扈特部回归祖国，十分悲壮。举族大迁徙表现了蒙古人的非凡胆魄与能力，展示了蒙古人眷恋祖国、眷恋家园的永恒情结以及永不屈服的英雄性格。

忠贞不贰，千年坚守，蒙古人极其虔诚。令世人慨叹的达尔扈特部落，世世代代守护成吉思汗陵，已达800年！所做的两件事是：祭祀；讲述成吉思汗的故事。

熠熠闪光，人才济济，星空中有两颗直接以蒙古人命名的行星，分别是："明安图星"和"李四光星"。还有一颗"郭守敬小行星"，他是蒙古人主政元朝时期的科学家，国际天文学会还将月球上的一座环形山命名为"郭守敬山"。

还有，还有许许多多让人感叹的民族闪光点！马背上的蒙古人就是上帝独特的创造物，具有超凡的能力。

蒙古族是以惊天动地的马蹄声，震颤中国古老的历史，踏响世界历史的壮歌。时至今日，人们仍然可以从浩瀚的中外史籍中，听到蒙古族远征马蹄的回音。

当弓箭与马蹄溅起的嚣尘从人们的视野中淡去之后，其回声还将长期存在。蒙古人创造的草原文化的独特魅力，继续并将永远影响着人类的历史进程。是的，就像一座钟的振荡一样，在停止敲击后，人们仍可以感觉到它的余音未远。

我国蒙古族人口约580万，主要居住于内蒙古自治区，其他集中分布于辽宁省阜新蒙古族自治县、喀喇沁左翼蒙古族自治县，新疆维吾尔自治区巴音郭楞蒙古自治州、博尔塔拉蒙古自治州、和布克赛尔蒙古自治县，吉林省前郭尔罗斯蒙古族自治县，黑龙江省杜尔伯特蒙古族自治县，甘肃省肃北蒙古族自治县，青海省海西蒙古族藏族自治州，另外，还有聚居或散居于四川、云南、河北、北京等省市的蒙古人。

蒙古族经历了中华民族的共同命运，生生不息地活跃在辽阔的大草原并遍布祖国各地，演绎着他们的传奇和创造，依旧为这个喧闹浮躁的世界续写新的篇章，创造了丰富多彩的社会生活，拥有灿烂厚重的民族文化。历史悠久的蒙古族，在中国共产党的正确领导下，同各族人民一起进入一个新时代。

鲜活真切也可以是蒙古民族的另一个名字，引领我们在自然的状态里领略这个马背民族风采并吸取历史精髓的同时，还足以获得审美愉悦以及思考上的提升。

《走近中国少数民族丛书·蒙古族》，让你同蒙古族对话，感受马背民族的风采，领略其独特的璀璨风情与文化精髓。

# 目录

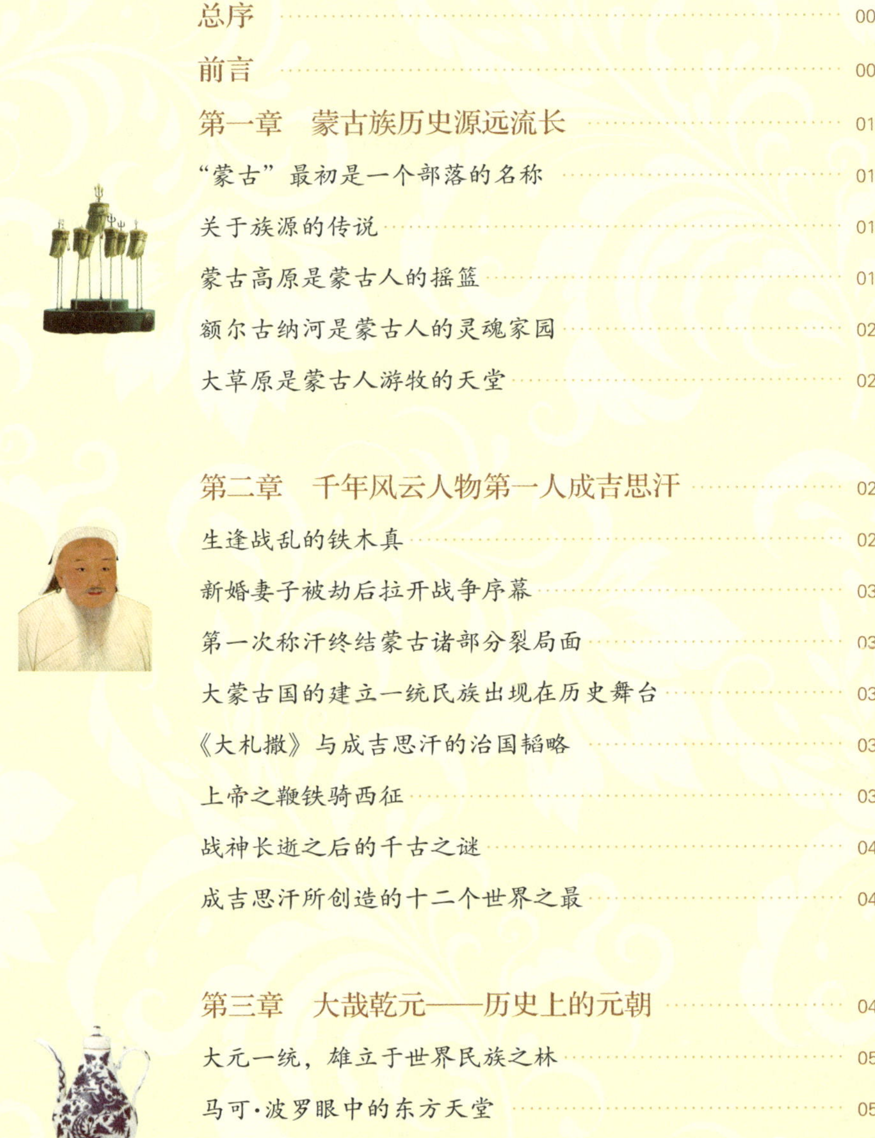

# 第一章
# 蒙古族历史源远流长

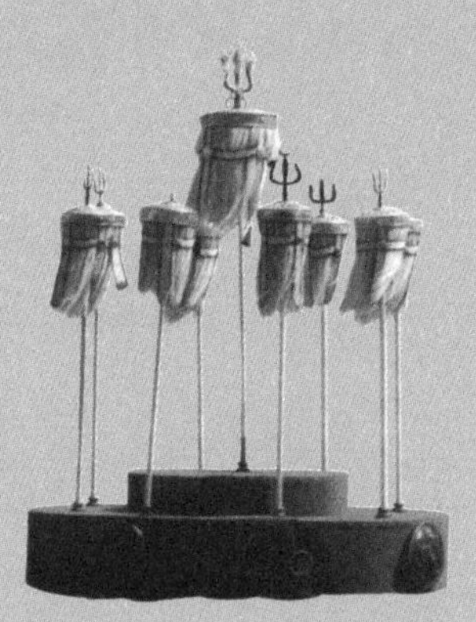

天苍苍，野茫茫，风吹草低见牛羊——这首民歌是对草原景色的精妙描绘。浩瀚无际的大草原造就了善于驰骋的蒙古族。

黑车白帐，逐水草而居，蒙古族从历史深处走来，与大自然相依存。大自然给予蒙古族以慷慨的赐予，大自然也给予其严酷审视与检验。

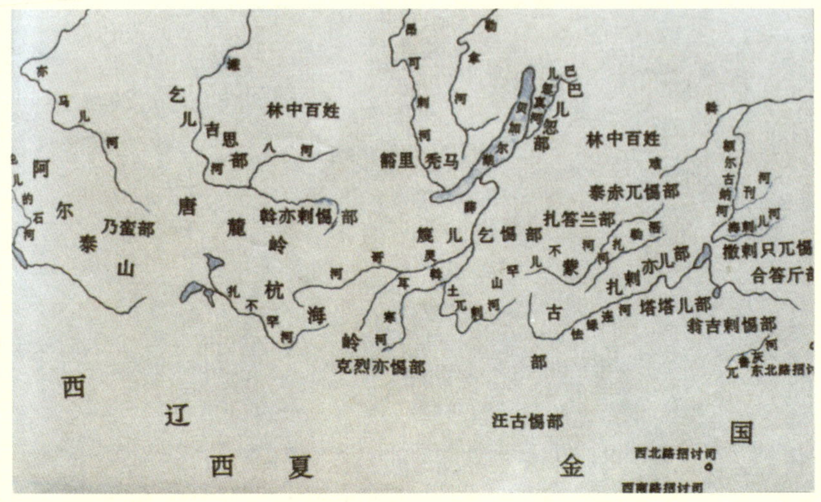


蒙古汗国建立前分布图

极目山川无尽头，风烟不断水长流。

如何造物开天地，到此令人放马牛。

蒙古族以“马背上的民族”著称于世，是具有传奇色彩的英雄民族，其历史可谓源远流长。

## “蒙古”最初是一个部落的名称

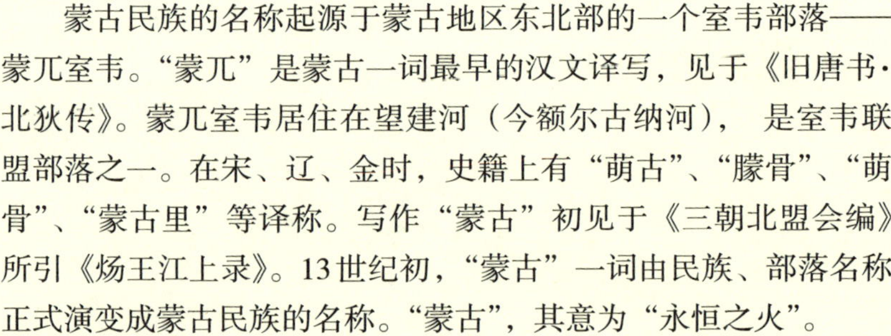

蒙古民族的名称起源于蒙古地区东北部的一个室韦部落——蒙兀室韦。“蒙兀”是蒙古一词最早的汉文译写，见于《旧唐书·北狄传》。蒙兀室韦居住在望建河（今额尔古纳河），是室韦联盟部落之一。在宋、辽、金时，史籍上有“萌古”、“朦骨”、“萌骨”、“蒙古里”等译称。写作“蒙古”初见于《三朝北盟会编》所引《炀王江上录》。13世纪初，“蒙古”一词由民族、部落名称正式演变成蒙古民族的名称。“蒙古”，其意为“永恒之火”。

骑射图

8世纪初，蒙兀室韦为寻找新的草场，开始西迁。到11世纪，以斡难河中上游和不儿罕山地区为中心，分为尼鲁温蒙古和迭儿勒斤蒙古两大部。

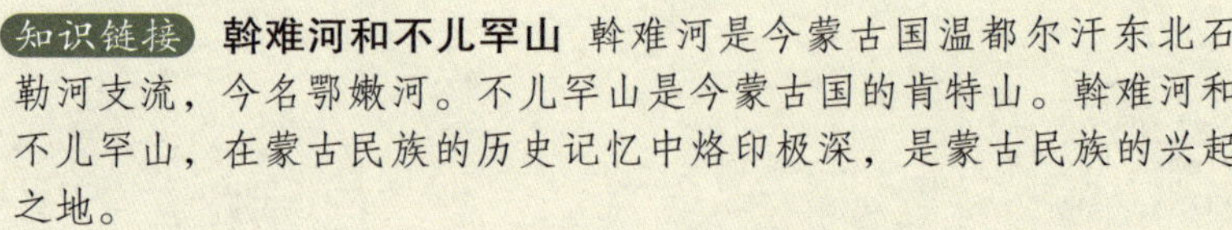

知识链接 **斡难河和不儿罕山** 斡难河是今蒙古国温都尔汗东北石勒河支流，今名鄂嫩河。不儿罕山是今蒙古国的肯特山。斡难河和不儿罕山，在蒙古民族的历史记忆中烙印极深，是蒙古民族的兴起之地。

尼鲁温蒙古，是指阿阑豁阿之后人，后来逐渐形成孛儿只斤、泰亦赤兀惕、合答斤、撒勒只兀惕、札答阑、八邻、忙忽惕、主儿乞等部落。迭儿勒斤蒙古，是指阿阑豁阿后裔之外的蒙古人，他们的民族成分复杂。他们同铁勒突厥人、契丹人、女真人、汉人接触，从这些族人中吸收人口。他们包括弘吉剌惕、兀良合惕、亦乞列思、速勒都思、斡勒忽讷惕、豁罗剌思、额勒只斤等众多部落。

▲

游牧生活（局部）

尼鲁温蒙古和迭儿勒斤蒙古出自不同的祖先，可以通婚，形成布呼蒙古——全体蒙古人。蒙古人在蒙古高原上对辽、金的统治和奴役进行了多次反抗，其内部亦不断进行征战。到12世纪末13世纪初，铁木真在统一蒙古的过程中历经数十次大的战争。其中经1201年和1202年的两次大战，击败札木合和塔塔尔部落后，占领呼伦贝尔地域，成为他养精蓄锐和日后统一蒙古高原的基地。1203年，铁木真击败克烈部。后又击溃了乃蛮部的太阳罕，统一了蒙古诸部，结束了草原各部落数千年来割据混战的局面。从此，形成了一个新的民族共同体——蒙古族。

▲

蒙古武士图

# 关于族源的传说

风从草原走过，留下美妙的传说。传说是一部人类热爱自己的历史。蒙古族的族源传说，一是苍狼与白鹿的传说，二是额儿古涅—昆的传说，三是太阳后裔的传说。

## 苍狼与白鹿的传说

据《蒙古秘史》记载，成吉思汗的祖先是苍天降生的孛儿贴赤那（苍色狼）和他的妻子豁埃马阑勒（白色鹿）。他们一同渡过腾吉思水，来到斡难河源头，住在不儿罕山前，生有一个儿子叫巴塔赤罕。后来，他们的子孙生齿日繁，传至第十代后裔，有个名叫脱罗豁勒真伯颜的和他的妻子孛罗黑臣豁阿生了两个儿子都娃锁豁儿和朵奔蔑儿干。

苍狼与白鹿（版画）

一天，哥儿俩一同登上不儿罕山，都娃锁豁儿极目远眺，望见沿统格黎小河迁移来一群百姓，在一辆华丽的牛车上坐着一位美丽姑娘，于是对弟弟朵奔蔑儿干说，在那群迁来的百姓中，一辆黑篷车的前沿上坐着一位漂亮姑娘，若未许配人家，就给你求亲吧！说着就叫弟弟前去探视。朵奔蔑儿干到那里一看，果然是一位美丽的姑娘，名叫阿阑豁阿，是很有名望的霍里秃马惕部那颜的女儿，尚未许配人家，于是便向女方求婚，娶为妻室。从朵奔蔑儿干娶妻开始，史载其事迹趋于翔实，阿阑豁阿成为蒙古第十一代女祖先而闻名于世。阿阑豁阿来到朵奔蔑儿干这里，生了别勒古讷台、不古讷台两个儿子，朵奔蔑儿干去世后，阿阑豁阿寡居时又生了三个儿

彩绘陶骑兵俑

知识链接 **都娃锁豁儿** 都娃锁豁儿是个额上只生了一只眼，能看三程远的人物，是《蒙古秘史》中具有神奇色彩的人物形象，后人多有诗文描写。

子，一名不忽合塔吉，一名不合秃撒勒只，一名孛端察儿蒙合黑。于是她原来的两个儿子窃窃私语，怀疑这三个儿子是跟家仆马阿里黑伯牙兀歹氏人所生。阿阑豁阿察觉以后，给每人一支箭去折，他们毫不费力地都一一折断了，然后她又把五支箭杆捆在一起要他们轮流去折，结果都不能折断。阿阑豁阿告诫孩子们说："你们五个孩子都是我一个肚皮里生出来的，就像刚才的五支箭杆一样。如果是孤立的一支箭杆，无论是哪一支，无论是任何人，都很容易折断。如果你们同心一体、互相合作，就像那一捆箭杆一样，任谁都不能把你们怎么样！"阿阑老母死后，三个小儿子的子孙组成了尼伦氏，因是神人的后裔，故称"纯洁出身的蒙古人"。其五子孛端察儿蒙合黑是成吉思汗的十世祖，其后代称为孛儿只斤氏。

阿阑豁阿圣母

知识链接 **孛儿只斤氏** 孛儿只斤氏是成吉思汗所属的氏族，也被称为"黄金氏族"。直到20世纪中叶，蒙古族中的绝大多数属于该氏族，该氏族统治蒙古达8个世纪之久。

不儿罕山地区不仅是斡难河的发源地，而且也是怯绿连河、土兀剌河的发源地。这里水草丰美，土地肥沃，为蒙古族的生存发展提供了有利条件，是蒙古族的发祥地。

知识链接 **五箭教子** 圣母阿阑豁阿五箭教子的故事是蒙古族历史上倡导团结精神的经典故事，也是流传广泛、深入人心的典故之一，形象生动地表现了蒙古民族的团结精神。

五箭教子图

## 额儿古涅—昆的传说

在很早很早以前，一个被称为蒙古的部落，与另一些称为突厥的部落发生了内讧，因此引起了战争。另一些部落战胜了

远古蒙古部落用炼铁的方法，熔化悬崖绝壁后，走到了广袤的大地

蒙古部落，对他们进行了大屠杀，使他们只剩下两男两女。这两家人害怕敌人，逃到了一处人迹罕至的地方。这个地方叫额儿古涅—昆，那两家人的名字叫捏古思和乞颜。他们在这里繁衍生息。久而久之，人数增多了，额儿古涅—昆这个地方再也容不下这么多的人了。于是，他们用七十张牛皮做了七十个鼓风箱，用炼铁的方法熔化悬崖绝壁后，走到了广袤的大地。

## 太阳后裔的传说

在天地初分之际，太阳生了两个女儿。当黄河注入东海的时候，人世间有了第一叶轻舟，太阳的两个女儿并坐在舟上，一路观花赏景，来到了山清水秀的神州大地。

以后，姐姐嫁到了南方，妹妹嫁到了北方。这一年，姐姐生下一个婴儿，用丝绸给他做了一个襁褓。因为婴儿啼哭时，发出“唉咳、唉咳”的声音，所以把他叫作“孩子”，取名为“海斯特”，意思为“汉族”。据说，“海斯特”降生时，手里握着一块土地，他长大后就种植五谷，成为农耕民族的祖先。

第二年，嫁到北方的妹妹也生了个儿子，用毡裘给他做了一个襁褓。这个婴儿坠下母胎时，发出“安哪、安哪”的哭声，因此就把他叫作“安嘎”，取名为“蒙高乐”，意思为“蒙古族”。“蒙高乐”生下来时，手中攥着一把马鬃，因此他长大后就放牧马群和牛羊，成为游牧民族的祖先。

## 蒙古高原是蒙古人的摇篮

望不尽连绵的山川，
蒙古包像飞落的大雁，
勒勒车赶着太阳游荡在天边，
敖包美丽的神话守护着草原。
啊，我蓝色的蒙古高原，
你给了我希望，
从远古走到今天……

唐·韦偃百马图（局部）

悠扬的牧歌唱响蒙古高原，蒙古高原是蒙古人的神圣领地，是蒙古人的发祥地。它位于亚洲的北半部，是世界著名的大陆之一，既以古老灿烂的文化闻名于世，又以远古悠久的历史和亿万代春秋沧桑变迁的奇迹驰名天下。

据《蒙古族通史》记载，多少万年前，在蒙古高原这个领地上的蒙古种族——原始蒙古人，经历了猿人时代，直立人、

蒙古高原

▲

吉祥蒙古

智人时代和旧石器时代，创造了人类文化，开创了蒙古种族史。在20世纪20年代，在蒙古高原上发现了安诺、墨夫两处古文化遗址，这是古人类的重大发现，也是蒙古种族的重大发现。英国人包勒、美国人普木坡里、威廉姆斯等学者认为人类文明源自中亚细亚——蒙古高原，认为蒙古人是人类第一个直立人、第一个智人。

蒙古高原的疆域十分辽阔，东界大兴安岭，西界阿尔泰山脉，北界萨彦岭、肯特山、雅布洛诺夫山脉，南界阴山山脉，包括蒙古国全部、俄罗斯南部和中国北部部分地区。面积大约3500万平方公里，占亚洲总面积的80%，占世界总面积的24%。

蒙古高原平均海拔1580米。蒙古人在蒙古高原上繁衍生息，以游牧、畜牧业为主，放养羊、牛、马、骆驼。种植业仅限于河谷地区，主要为小麦、燕麦等。蒙古高原有煤、铁、锰、钼、铅、锌等矿藏。

与蒙古高原相依，蒙古人具有昂扬的生命，具有广阔的胸怀。

蓝色的蒙古高原让蒙古族人充满色彩，养育出蒙古人的豪放淳朴与大气磅礴的民族性格。

# 额尔古纳河是蒙古人的灵魂家园

额尔古纳河是蒙古民族的源头，是撒遍世界各地的蒙古人灵魂的家园。

不管去没去过额尔古纳河，一个蒙古人，一定要知道这是一条母亲河。世上所有的文明和辉煌的帝国，都由一条河流孕育而成，不管它多宽、多长。

额尔古纳河

据考证，额尔古纳河干流指的是从阿巴盖堆至恩和哈达镇附近与石勒喀河交汇处，长约970公里。在《旧唐书》中称之为望建河，在《蒙古秘史》中称之为额尔古涅河，在《元史》中称之为也里古纳河，在《明史》中称之为阿鲁那么连，自清代开始称之为额尔古纳河。

额尔古纳河沿岸地区土地肥沃，森林茂密，水草丰美，鱼类品种很多，动植物资源丰富，宜农、宜牧，是人类理想的天堂。

古代蒙古部落曾经在额尔古纳流域游牧、渔猎，并深为这片美丽的家园而自豪。额尔古纳是一代天骄——成吉思汗的故乡。1206年，铁木真从额尔古纳河起兵，率领蒙古骑兵南征北战，逐步建立了庞大的蒙古帝国。后来，成吉思汗就把额尔古纳一带的草原分封给其弟哈布图·哈萨尔，他在这里建立了庞大的城堡。如今城堡已毁，但遗迹犹在，目前是全国重点文物保护单位——黑头山古城遗址。

现在的额尔古纳已成为旅游胜地，从额尔古纳市区一路往北，大约30公里处的向阳山坡上，一片蒙古包在阳光下格外醒目，这就是弘吉剌部蒙古大营。历史上弘吉剌部是蒙古声名显赫的贵族部落，也是一个盛产美女的部落。据传成吉思汗的母亲、妻子、儿媳都出自于这一部落。弘吉剌部大营是内蒙古最大的蒙古包群，浓缩了蒙古族、达斡尔族、鄂伦春族、俄罗斯族等多民族风情，除了可欣赏到浑厚的蒙古族长调，还能看到俄罗斯姑娘的舞蹈，至于纵马驰骋，拈弓搭箭，则更是传统项目了。额尔古纳河是蒙古人的发祥地，成吉思汗的铁骑正是从此奔腾而出震撼世界的。

额尔古纳路标

美丽的大草原

# 大草原是蒙古人游牧的天堂

大野连山沙作堆，白沙平处见楼台。

行人禁地避芳草，尽向曲阑斜路来。

元代著名蒙古族诗人萨都剌在诗中这样描绘当时的情境，空阔大漠里的元上都，宫廷里芳草萋萋，不许践踏，这表示蒙古民族兴起于草原，以示不忘本源。故此，走路的人，都要躲开那一片芳草地，顺着围栏从斜路上走过去。爱惜草原是蒙古人的天性，就像农耕民族爱惜禾苗与田地一样，蒙古族人赋予草以最美好的品质与属性。

丰美的草原

大草原是蒙古民族游牧的天堂，是其生态文明的生动写照。

蒙古人作为游牧民族，沿河流而牧，逐水草而居。从遥远的古代，到近代，到现代，草原牧人在蓝天白云的陪伴下，游牧高原。

依偎

蒙古人依据不同畜群的习性、种类和特征移牧、轮牧和游牧，不仅保护了草原脆弱的植被和稀少的水源等生态环境，同时又节约了牧草、水源等自然资源。当一个孩子问他母亲，我们蒙古人为什么总是游牧和迁徙？就不能定居在一个地方吗？他的母亲告诉他：如果在一个地方定居，那么地母神——额图根会很疼的。四季游牧，就是为了减轻草原和草场的人为压力而形成的一种生活与生产方式，确保了牧草和水源的生生不息和永不枯竭。是的，从某种角度讲，蒙古包应该属于世界上最有利于环境保护

**知识链接　蒙古人的游牧方式**

一是多次迁徙。一年之中搬迁十次之多，这样的生活方式历史上有过，近代已不复存在。

二是一年之中搬迁两次，即冬营地和夏营地。牧民迁徙各营地的规律、时间的分配、形成路线和范围的划定，一般来说是比较固定的，但也要看水草是否丰足而定。

三是走“敖特尔”。走“敖特尔”即走场，游牧之意。走“敖特尔”是除了夏场和冬场以外，选择其他牧场游牧，其目的是为了抓膘，其性质是扩大牧场。

的建筑。当蒙古包从一个地方搬迁后，过不久你会看到那里仍然是绿草如茵，生态恢复的速度之快就像神话里描述的一样。

成吉思汗《大札撒》中指出，不得损坏土壤，严禁破坏草场；不得将奶食与其他食物洒于地上，违者处斩；禁止在夏秋两季白昼下水洗浴及在水中洗手，禁止用金银器皿舀水，不得在草甸洗晒衣服；有失火放火者，全家问斩。

蒙古民族的生态保护意识及行为，所形成的习俗和风尚当中，充满了丰富的智慧。

随着历史的变迁，蒙古族早已不是单纯经营畜牧的民族，农业、工业、林业、交通等各项事业已获得了全面的发展。历史悠久的蒙古族，今天已进入了一个崭新的时代。

蒙古人的一天（局部）

# 第二章
# 千年风云人物<br>第一人成吉思汗

三千多万平方公里意味着什么？
一个世界历史上最庞大的草原帝国，
那是成吉思汗对历史超量创造的结果。
大草原之子，大中华之子，
缔造全球化世界第一人的成吉思汗，
在人类历史上留下许许多多的叹号与问号。
八百年来超越历史时空影响永恒，
在众多的文化里已成为火种！

蒙古民族英雄（成吉思汗陵宫壁画）

人类认识蒙古族是从成吉思汗开始。

成吉思汗是蒙古民族的代表，是中华民族的伟人，也是曾经深刻影响世界历史进程的巨人。

作为中世纪对整个世界产生过深刻影响的人物，成吉思汗的一生，纵横蒙古高原，统一了蒙古七十二个部落，使蒙古民族作为一个整体登上了历史舞台。

后期，成吉思汗伐金、灭西夏、挥师西征，成功奠定了版图空前的元帝国基业，打破了欧亚大陆各民族间的区域界限，极大地便利了东西方的交流，他亦因此成为“千年风云人物第一人”。

蒙古国国家宫的成吉思汗雕像

知识链接 **成吉思汗** 成吉思汗（1162-1227），名铁木真，孛儿只斤氏，奇渥温姓，乞颜部人。按照蒙古人起名传统，铁木真全名应为奇渥温·孛儿只斤·铁木真。1206年初春铁木真建立蒙古帝国，尊号“成吉思汗”（意为强盛伟大的君主）。1271年元朝建立后，忽必烈追尊成吉思汗庙号为太祖，谥号法天启运圣武皇帝。

## 生逢战乱的铁木真

成吉思汗称汗之前，名为铁木真，出生于蒙古乞颜部。他的六世祖海都、高祖敦必乃、曾祖葛不律汗以及族曾祖俺巴孩等，都是蒙古部的显赫人物或首领。铁木真的父亲也速该有“巴特尔”（蒙古语之意为英雄）称号，是蒙古部的首领。

铁木真的母亲诃额仑夫人，是被抢来的新娘。当时草原各部实行族外婚，对于抢婚，人们则见惯不惊，被抢者也听天由命。诃额仑出生于弘吉剌部的斡勒忽纳氏，本来嫁给了蔑儿乞部的也客赤列都，在也客赤列都娶亲的路上，正逢也速该巴特尔在斡难河畔放鹰，望见新娘姿容美丽，心中动情，随即走回家，叫来哥哥捏坤太师、弟弟答里台斡剔赤斤抢亲。之后，诃额仑成为也速该忠诚的妻子，是成吉思汗伟大的母亲。

铁木真诞生

1162年的秋天，也速该告别临产的妻子，率部族征战塔塔儿部。蒙古部与塔塔儿部的战争已进行了三代，双方经过了几十次较量。这次征战，也速该打了一个大胜仗，俘获了两个塔塔儿部的酋长，其中一个名字叫铁木真兀格。

战争胜利了，儿子降生了，为纪念这次战争的胜利，也速该给自己的儿子起名为铁木真，蒙古语意为“变成了铁”，这是铁木真称汗之前的名字。

知识链接 **成吉思汗出生时间** 蒙古民间传说，铁木真是生于马儿年马儿月，即1162年古历七月，阳历为5月31日。

据《元史》记载，铁木真出生时，“手握凝血如赤石”。《蒙古秘史》也说，他“右手握着髀石般一块血”。蒙古民间则传说，“孩子的右手里，攥着一块坚硬的血饼，像‘苏勒德’的形状一样”。苏勒德形似长矛，是蒙古族战无不胜的灵旗，是战神的象征。

少年铁木真

铁木真降生的年代，无论是蒙古草原，还是整个中国，都是一个战争不断的乱世。

当时漠北高原有百余部落，主要的是五大部落，即：塔塔儿部、克烈部、乃蛮部、蔑儿乞部和蒙古部，铁木真所在的是蒙古部。这些部族，各自为政，互相攻战，争霸称雄，血族复仇，纷争不已。有一首沉痛而又朴素的民歌这样唱道：

星空团团旋转着，众部落都反了。
你争我夺，抢劫财货，不得安卧。
无边的草地都翻转了，众部落都反了。
你攻我打，不得下榻。
没有互相思念，只有互相冲撞。
没有地方躲藏，只有攻伐厮打。
没有彼此爱慕，只有互相厮杀……

铁木真是在刀光剑影的洗礼中成长，成为部族的首领。在英勇征战中，蒙古乞颜部逐渐壮大起来。

铁木真之父也速该

九岁那年，铁木真的父亲也速该在为儿求亲归来的途中被仇人毒死。也速该死后，部众离散，铁木真一家孤儿寡母艰难度日。母亲诃额仑夫人生有四子一女，长子铁木真九岁，次子合撒儿七岁，三子合赤温五岁，四子帖木格三岁，女儿帖木伦还在摇篮中。也速该还有一个别妻，生有两个儿子，一个叫别克帖儿，一个叫别勒古台。就这样，二母七子，加上一个忠实的老仆妇，铁木真一家当时十口人，九匹马，生活贫困。

铁木真帮助母亲承担起养育一家人的重担，在艰难的岁月中一天天长大，但夺走他们百姓的泰赤乌氏，害怕铁木真长大成人后进行报复，又对铁木真一家进行新的打击。铁木真被抓走，一度戴枷奔逃而死里逃生。当家里的银合马被抢，外出回来的铁木真骑着家中仅剩的一匹秃尾劣黄马去追盗马贼，夺回自家的马。正是如此艰难的生存境遇，锻炼了铁木真的才能，使他拥有了英勇果敢、有度量、重信义这些领袖人物必备的素质。

成吉思汗黄金家族图

## 新婚妻子被劫后拉开战争序幕

铁木真遵照母亲的吩咐到弘吉剌部去完婚，将孛儿帖接到家中。从此，一对年轻人苦涩而甜蜜地结合在一起，满怀信心地开始新生活。然而，好景不长。不久，新婚妻子被劫。

杀父之仇未报，夺妻之恨又生，年轻的铁木真面向不儿罕山主峰，捶胸祷告，面向太阳叩头九次，用马奶酒祭奠，决定拉开战争的序幕。

1178 年铁木真迎娶孛儿帖

铁木真依附蒙古高原最强大的克烈部首领脱里，后称王罕。铁木真尊王罕为父，得以收聚其父旧部。铁木真又与札答阑部首领札木合结为安答（蒙古语之意为兄弟），进而逐步发展势力。铁木真求王罕、札木合出兵，合本部兵共数万，突然袭击蔑儿乞部，出奇制胜，斩杀仇敌，夺回妻子孛儿帖。

孛儿帖夫人

与蔑儿乞部的战争，是铁木真一生当中的第一次战争，它的胜利，不仅增强了铁木真复兴蒙古的信心，而且还为铁木真赢得了在蒙古诸部中的威望，铁木真及他所率领的部众从此登上了蒙古高原的政治舞台。

## 第一次称汗 终结蒙古诸部分裂局面

蔑儿乞部夺妻之战大获全胜之后，铁木真与札木合再次结为安答，一起在斡难河流域的豁儿豁纳黑川游牧。后来，铁木真感受到札木合的厌烦之意，就脱离札木合，单独设营。

铁木真被推举为可汗

不经盘错不成材，功业都从患难来。少年时期的艰险经历，培养了铁木真坚毅勇敢的素质。铁木真移营怯绿连河（今克鲁伦河上游）。他广结盟友，宽厚待人，吸引许多蒙古部众和乞颜氏贵族来投。当时跟随铁木真的，不仅有成千上万的牧民，还有四十几位有影响的

▲

成吉思汗庙壁画

人物，他们来自二十七个氏族和部落。

这些人为了重整乞颜部旧业，也都“思择共主”，由于彼此实力不相上下，因此在也速该死后的二十多年来，一直没有推举出一个“共主”来。这时也速该的儿子、年轻的铁木真异军突起，不仅仅取得了一次惊人的胜利，而且逐渐聚集了大批的属民百姓，聚集了一支强有力的“那可儿”，这些蒙古乞颜部的贵族们好像在茫茫黑夜中看见了一颗启明星，于是大家“今者众议签同，奉汝铁木真为汗”！

约1189年，铁木真由一个苦难的少年，一跃而变成蒙古乞颜部的可汗，开始统领蒙古诸部。

铁木真称汗后，设置了掌管军事、兵器、乘骑、警卫、牧养牲畜及管理庭账事务等职位。任命最早归附他的博尔术、者勒蔑为众官之长，总揽全部事务，形成了一个强有力的权力机构。

自此，蒙古诸部分裂的局面得以终结，蒙古部在铁木真的领导下日益强大起来。

## 大蒙古国的建立
## 一统民族出现在历史舞台

1206年春，铁木真从阿尔泰山前线回到蒙古乞颜部的“根本之地”——斡难河源头。

自1200年铁木真同王罕相会于萨里川，联兵讨伐东方各部以来，铁木真连续取得了一个又一个的辉煌战绩，先后平定了泰赤

▲ 1206年，铁木真被正式授予“成吉思汗”尊号

乌部、塔塔儿部、克烈部、乃蛮部、蔑儿乞部、札答阑部等几个强大的部落。辽阔的草原已经成为铁木真的一统天下。

经过十三翼之战，因铁木真善于争取人心，致札木合部众纷纷叛附，铁木真的力量不仅没有削弱，反而进一步壮大了。至1206年，蒙古高原百余个大小部落先后败亡。塔塔儿、克烈、蔑儿乞、乃蛮和蒙古五大部均统一在铁木真的旗帜下。

虎儿年的春风吹拂着铁木真大帐前的九脚白旄纛，一次具有历史意义的“忽里台”（蒙古语意为大会）在斡难河源头召开，归附了铁木真的诸部族首领和各级那颜一致推举铁木真为全蒙古的大汗。铁木真告天即位，尊号成吉思汗，是为元太祖。建立“也客·蒙古·兀鲁思”，即大蒙古国。蒙古从此作为一个统一的民族出现在历史的舞台上。

知识链接 **十三翼之战** 铁木真统一蒙古进程中与札答阑部首领札木合之间的一场战争。因铁木真将自己所属部众分为十三翼迎战札木合而得名。“翼”的意思是营或圈子，由于力量过于悬殊而失利退兵，史称十三翼之战。但因札木合残杀俘虏，引起札木合各部不满，纷纷归心于铁木真。此战铁木真败而得众，使其军力得以迅速恢复和壮大。

成吉思汗一生大战六次，小战上百次，灭国四十，但他从不兴无义之师，并且主张“不杀国主”、“不灭旧国”。

蒙古帝国的疆域，东起太平洋，西到地中海之滨，与西欧为邻，北及北冰洋，南临印度洋，其版图之大，可谓空前，当时的蒙古帝国的面积3000多万平方公里。

## 《大札撒》与成吉思汗的治国韬略

武能征战，文能定国。无论在军事上，还是在政治上，也包括文化等诸方面，成吉思汗都是成功的。尽管世人肯定的，往往是他军事上的成功。政治上，成吉思汗也不愧为一位圣明君王。

成吉思汗懂得这样一个道理：消灭人的肉体是容易的，而真正征服人心却难。他知道打江山靠武略，而要

一代天骄
成吉思汗

**知识链接 成吉思汗箴言**

“一个懂治国之道者，胜过万众百姓。”“没有智慧者，无以宰食胯下羔羊；智慧者，可捕食山间之盘羊……”

“用恩义服人，如同花与叶那样永远相伴；用兵戈服人，那就如同血与水终究两种颜色！”

成吉思汗圣旨银牌（国家图书馆收藏）

永久地征服和统治一个地区、一个民族则要靠文韬。当他想到了这些，他便从一个战无不胜的“战神”，成为一个具有远见卓识的政治家。

在建立大蒙古汗国之后，成吉思汗首先建立了政治与军事合一的“领户分封制”，建立了“札撒”（蒙古语意为法律）体系，开启了蒙古民族依法断案的先河；他首创“怯薛”制度，拥有了汗王护卫军。尤其是在他授意指导下，创制了蒙古民族的文字，改变了蒙古族没有文字的历史。

就在那个时代，成吉思汗下令把许多习惯法固定下来，编成《大札撒》，堪称是比较全面的蒙古帝国大法。从内政到外交，从生产到生活，各个方面都有具体规定，《大札撒》垂功后世，成为元代立法的蓝本。

成吉思汗把在战争中已经实行的千户制进一步完善和制度化，创立了军政合一的千户制，任命了一批千户官、万户官和宗室诸王，建立了一个层层隶属、指挥灵活、便于统治、能征善战的军政组织。

特别值得一提的是，成吉思汗在军事编制中建立的“怯薛”制度。挑选各部“有技能、身体健全者”，组成一支万人的“怯薛”。这支队伍由他直接指挥，驻扎在他的大斡耳朵（殿帐）周

成吉思汗出征图（成吉思汗陵壁画）

围，分为四班，由四个亲信的那可儿任“怯薛”长，每三日轮流值班。这是蒙古军的精锐，也是对各方加强控制的主要武装力量。

创制文字，也就是“畏兀字书”。成吉思汗在讨伐乃蛮部时，俘获乃蛮部太阳汗的掌印官畏兀儿人塔塔统阿，成吉思汗让他留在自己身边，“是后，凡有制旨，始用印章，仍命掌之”。不久，成吉思汗又让塔塔统阿用畏兀儿字母拼写蒙古语，教诸子诸王学习这种文字，这就是所说的“畏兀字书”。从此，蒙古族结束了靠刻木记事的历史。

▲ 成吉思汗玉玺复制图

成吉思汗告诫其诸兄弟和诸子说：“要消除骄横蛮力，紧握智慧之缰羁，方能成为万众之可汗。”可见，成吉思汗并不是只崇尚武力的人，而是非常有智慧和思想的人。他的“长生天理”充满智慧。“若得到有智慧者，莫让他离己身边；若得到举家智者，莫吝珍宝财富而资助之。其必于国大有裨益也。”成吉思汗不仅深知智慧之用，还把智慧和智慧之人，作为治国治民和克敌制胜的本质力量。

## 上帝之鞭铁骑西征

成吉思汗立国后，势力益盛，镇服林中百姓，追击宿敌，收服畏兀儿，降伏哈剌鲁，三征西夏。经过二十余年的蒙夏战争，

◀ 蒙古军征讨花剌子模国

成吉思汗率领的蒙古骑兵威震天下

屡创夏军主力，迫西夏国王乞降，削除金朝西北屏障，得以顺利南下攻金。曾三次大举进攻西夏，西夏纳女请和。

1219年至1260年的四十余年时间，成吉思汗先后进行了三次大规模的西征，对世界历史的影响既深且远。

成吉思汗西征的起因，史实的根据是，当时雄踞中亚的花剌子模大汗摩诃末背信弃义杀害蒙古商队。

1215年摩诃末派遣以巴哈·阿丁·吉剌为首的使团来中国，在中都附近觐见了成吉思汗，并且受到优厚礼遇。之后，成吉思汗派遣了回访使团。1218年使臣到达花剌子模，递交了成吉思汗致摩诃末的书信，信的大意是：吾人眼下有友邻之责，人类协调的途径应由双方遵循；友谊的责任应得到承担；吾人应有义务在不幸事故中相互支援和帮助；并且应使常行的和荒废的道路平安开放，让商人们可以安全无约束地来往云云。

蒙古汗国时期的铁刀和铁矛（内蒙古博物馆收藏）

回访使团还没回到京城，蒙古商队便到达了花剌子模边城讹答剌。守城的花剌子模将军亦纳勒出黑眼红商队的大量财物，竟把商队作为间谍扣押。大汗摩诃末命令将商队人员全部处死，财物没收，仅有一名驼夫逃回报信给成吉思汗。

成吉思汗闻讯震怒，一面派者别将军追歼盘踞新疆的西辽王古出鲁克，一面又派以伊本·哈福剌只·布拉为首的使团出使花剌子模，据理责问摩诃末。摩诃末无以置答，竟又将使臣杀掉。

面对花剌子模大汗摩诃末的一再挑衅，成吉思汗亲率大军20万西征。他的四个儿子术赤、察合台、窝阔台、拖雷以及大将速不台、者别随行。

1219年九月，成吉思汗大军进入花剌子模，至1220年三月，半年间攻克布花剌等八城。接着，蒙古军三路会师，三天攻下驻有11万重兵的国都撒麻耳干。国王西逃，成吉思汗令速不台、者别等穷追之。摩诃末一路逃亡，进入里海中偏远的一个小岛，惊吓之余一命呜呼，花剌子模这个纵横中亚的汗国也就从此消亡。

▲

古老的苏勒德（成吉思汗陵）

蒙古军西越里海、黑海间的高加索，深入俄罗斯，于1223年大败钦察和俄罗斯的联军。成吉思汗又挥军追击花剌子模的太子札阑丁，在印度河流域打败之。1225年，成吉思汗凯旋东归，将本土及新征服所得的西域土地分封给四个儿子，后来发展为四大汗国。

**知识链接** **四大汗国** 四大汗国分别为钦察汗国、察合台汗国、窝阔台汗国和伊尔汗国。

成吉思汗挥动“上帝的神鞭”，空前绝后地东征与西进，从政治、军事、民族心理上深深地影响了欧洲。

建立伊尔汗国

▼

永垂青史

# 战神长逝之后的千古之谜

从东征到西进世界两极的互动，在网络还未出现的800年以前，是成吉思汗打通了世界各国的关系，建立了国际往来关系。

1226年，成吉思汗出征西夏。次年西夏亡。

1227年夏历七月十二日，成吉思汗病逝，终年六十六岁。临终提出三条重要遗嘱。包括联宋灭金的战略；重视联远攻近，力避树敌过多；用兵注重详探敌情、分割包围、远程奇袭、佯退诱敌等。

成吉思汗出生地矗立的石像

成吉思汗葬于何处，已成为世界的千古之谜。

有人曾经统计过，成吉思汗一生共进行了60多次战争，除十三翼之战因实力悬殊主动撤退外，没有一次失败过。因此有学者说："成吉思汗是后人难以比肩的战争奇才。他逢敌必战、战必胜的神奇，将人类的军事天赋穷尽到了极点。"

刻有蒙古文的圣旨牌

## 成吉思汗所创造的十二个世界之最

成吉思汗在历史上创造了许多辉煌和极限，根据世界各国学者的研究成果，概括为"十二个世界之最"。

### 成吉思汗创建了世界上版图最大的帝国

成吉思汗历经20多年的浴血奋战，统一了蒙古高原。之后，他带领他的子孙接连发动了大规模征服战争，先后有40多个国家、700多个民族都归服于蒙古大帝国。据有关史料记载，当时的版图有3000多万平方公里，是现在中国版图的三倍还多。俄罗斯著名学者巴托尔德说，成吉思汗帝国的建立从某一点上说是世界上独一无二的事件。因此，他以"世界征服者"

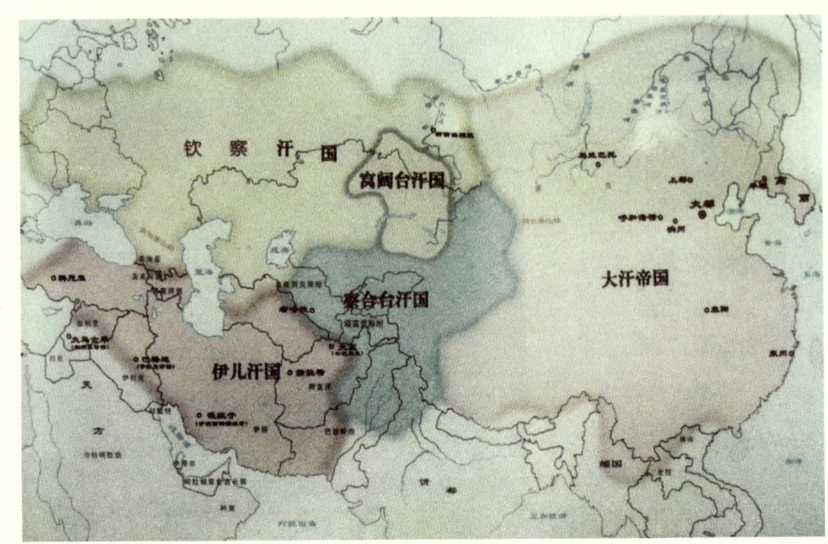

蒙古帝国版图

的称号载入史册。

## 成吉思汗发动了人类历史上规模最大的战争

成吉思汗所发动的战争规模之大，范围之广，前无古人，后无来者。毛泽东最早称成吉思汗为“一代天骄”。西方历史学家称“十三世纪是蒙古人的世纪”。

## 成吉思汗在世界上最早建立了运输联络系统

蒙古军征服区地域辽阔，为保持远征军与大本营之间的通讯联络的畅通，成吉思汗组建了号称“箭速传骑”的世界上最好最快的通信兵。这支通信兵训练有素，直接由成吉思汗的“四骏”之一者勒蔑指挥。据史料记载，元朝时期驿站多达1383处，作为辅助手段每20里设急递铺。美国《华盛顿邮报》说：在网络还未出现的七百多年前，成吉思汗就打开了全球信息交流。可以说，成吉思汗所建立的通信网络系统就是现在电子信息网络的雏形。

纵横天下（成吉思汗陵宫壁画）

## 成吉思汗将军事艺术推向冷兵器时代的最高峰

成吉思汗建立了一支在世界上具有第一流先进武器和优良素质的军队。在军事艺术上，成吉思汗具有别人根本没有做到或想不到的独特妙法。世人概括为五个世界第一：

一是组建了世界上第一流强大的快速骑兵；

二是在世界上第一个实现了全民皆兵；

三是创建了世界上第一个炮兵部队；

四是组建了世界上第一个军事参谋部；

五是在世界上第一个发明了“闪电战”。

蒙古军头盔及铁兵器

## 成吉思汗是人类历史上最大的成功者

成吉思汗的名字与“成功”联系在一起。史学家称“史无前例的成功”。在世界历史上可以说没有一个人获得过像成吉思汗

成吉思汗镏金银马鞍（成吉思汗陵文物）

成吉思汗出猎图

如此辉煌的业绩。

成吉思汗一生进行了60多场大的战斗，没有一次失败过。他每逢必战、每战必胜的神奇，将人类军事天赋发挥到了极点。

## 成吉思汗是世界历史上影响最大的人物

西方学者称成吉思汗为“全人类的帝王”；日本军事家说，蒙古远征欧洲后，促进了东西文化交流。据历史文献学家乔吉介绍，世界各国大约用十几种语言出版了四五十部关于成吉思汗的传记。

▲

金令牌

## 成吉思汗是世界上最早实行政治民主的帝王

1206年十二月十五日，全蒙古各部落长、族长、诸王、群臣，在斡难河畔举行了隆重的“忽里勒台”（蒙古语意为会议）。大会一致推举44岁的铁木真为全蒙古大可汗。成吉思汗即位后，开创了民主推选可汗之先河，凡是重大问题决策，都是召开大忽里勒台决定。

成吉思汗取消了各级将领的等级界限，如“四杰”木华黎、孛斡儿出、赤老温、孛罗忽勒，“四骏”速不台、哲别、忽必来、者勒蔑，都是平民甚至奴隶出身。成吉思汗是世界上唯一没有杀过一个将领、一个功臣的封建帝王。

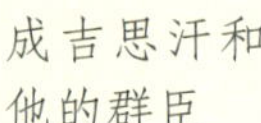

成吉思汗和他的群臣

▼

## 成吉思汗是千年来世界最富有的人

2001年，据亚洲《华尔街日报》报道，在过去的1000年里，全球最富有的入选者有50人，其中有6名是中国人，出现时间前后纵跨800年。他们是成吉思汗、忽必烈、和珅、太监刘瑾、清商人伍秉鉴、宋子文。如果按征服土地和财富来计算，成吉思汗可称“天下最富”。

成吉思汗与他的四个儿子

## 成吉思汗是世界上受祭祀最多的帝王

对于成吉思汗的祭祀活动，发端于窝阔台汗时代，完善于元朝年间。从元世祖忽必烈汗颁布圣旨，向成吉思汗四时献祭。每年春夏秋冬四季，都有具体的祭奠日期，还有月祭和平日的奉祭。时至今日，悠悠七百多年，蒙古民族的人民大众对此一直恪守不渝。

成吉思汗祭坛

## 成吉思汗奉行宗教信仰最自由的政策

成吉思汗信奉萨满教，但他并没有把自己信仰的萨满教强加于被征服民族，而容许各宗教并存，他宣布“信仰宗教自由”。

▲ 成吉思汗毡画

## 成吉思汗在世界上最早提出并实践了“全球化”

蒙古国著名学者什·毕拉教授经过多年的文献研究得出了这样的结论：成吉思汗最早提出了“全球化”概念。设置了钦察道、波斯道等国际交通网，远通波斯、叙利亚、俄罗斯和欧洲各国，天堑变通途，连接了世界各地。一个时期畏兀儿蒙古文成了世界文字，像今日的英文一样通用于被占领的国家和地区。

## 成吉思汗一生留下了最多的“谜”

成吉思汗及其子孙军事征服活动的成功，给后人留下了许许多多的谜。

**知识链接　千年风云人物第一人**

1995年12月1日，美国《华盛顿邮报》等评选人类文明史上第二个一千年——即1000年至1999年以来，世界最重要的人物与事件，其中千年头号风云人物，是成吉思汗！

成吉思汗数码铜像 ▶

《华盛顿邮报》在《为什么评成吉思汗为“千年风云人物第一人”》一文中说：“成吉思汗才智超群，名震四海，直到1227年去世为止，世界上没有一个人能与他相比。成吉思汗最完美地将人性的文明与野蛮两个极端集于一身。至今还未找到一位比他更为合适的人选。”

为什么一个早年丧父的少年，最终成为统一蒙古诸部的大汗？为什么一个只有二十几万军队的蒙古汗国居然可以战胜经济、文化比较发达，有几十万、几百万大军的大国，进而征服了半个世界，建立了一个庞大的蒙古帝国？为什么成吉思汗总是把握胜利？

成吉思汗的出生到成功是一个谜，同样，他的死也是个谜。因此，成吉思汗陵墓至今是个大谜团，吸引着人们去探究。

据不完全统计，全球有60多个国家和地区，组织专人对他进行专题研究。可以说，成吉思汗这位蒙古巨人已经超越历史时空，冲破民族和国家的界限，成为世界性热门人物。

世界各地画家笔下的成吉思汗

每个国家都根据自己的理解作画，所以，全球流传着多达上千幅成吉思汗画像，这是最权威的、流传最广的一幅。在蒙古国这幅画像被印在钞票上

# 第三章 大哉乾元——历史上的元朝

铁骑狂飙，铸就横跨欧亚的大蒙古帝国。

大元一统，马可·波罗眼中的东方天堂。

13世纪下半叶，由蒙古人建立的元朝第一次统一中国，结束五个世纪以来的分裂割据局面，并且云南、西藏和西域地区划进统一版图。如此范围广大的统一，在中国历史上也是第一次出现。

▲

元世祖出猎图

元朝，取《易经》“大哉乾元”之义，建都于大都(今北京)。

元朝是中国历史上由蒙古族建立的统一王朝，也是中国第一个少数民族建立的统一政权。这次统一，不但使大江南北重为一域，结束了五个世纪的分裂割据局面，还把云南、西藏等划进了统一的版图。一个统一的多民族国家，在真正意义上形成了，同时也掀开了民族融合与文化交流的新篇章。

# 大元一统，雄立于世界民族之林

从大漠中走来，铁骑狂飙，成吉思汗建立了横跨欧亚的蒙古帝国。至元八年（1271），忽必烈定鼎中原，开始了蒙古政权在全国各地区的统治，如此范围广大的统一，在中国历史上也是第一次出现。

据《元史》记载："东尽辽左，西极流沙，北逾阴山，南越海表。汉唐极盛之时不及也。"

元朝统一全国后的疆域是：北到西伯利亚，越过贝加尔湖（也有一说直到北冰洋），南到南海，西南包括西藏、云南及缅甸北部，西北至新疆，东至鄂霍次克海。

元朝的建立，结束了长达数百年的南北分裂局面，实现了中

元代盛世

元代战船

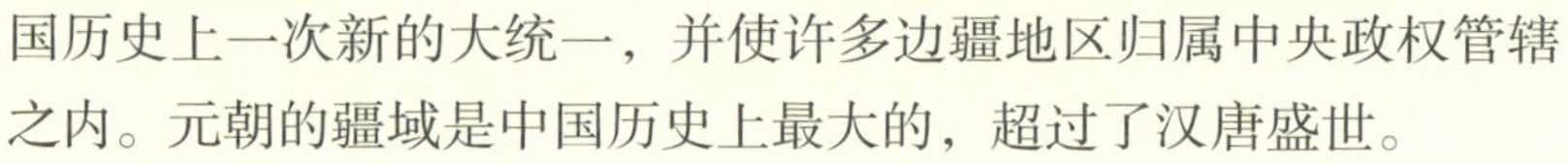

国历史上一次新的大统一，并使许多边疆地区归属中央政权管辖之内。元朝的疆域是中国历史上最大的，超过了汉唐盛世。

元朝时期，西藏第一次划进中国统一的版图。蒙古人的铁骑跃过高达2000米的台阶，突破吐蕃人倚为藩篱的天然屏障，使得向来以强悍著称的高原人俯首称臣，世界屋脊成为中央政权的领土。

疆域辽阔，阻塞的古道訇然中开，商旅汇聚于京师；虔诚僧侣欣然而来，筑四方庙宇；更有万国使者，诚惶恭敬，眩晕于泛光崇彩的繁华。

元朝的文化艺术和科学技术有很高的成就。其中天文学居于当时世界最先进地位，数学、医学也都在世界先进之列，戏曲与小说创作繁荣，元曲成为与唐诗、宋词并称的优秀文学遗产。

铜火铳

知识链接 **元朝沿革** 自元太祖成吉思汗建蒙古国起，历史上泛称为元朝。至元十三年（1276），元军攻陷临安（今浙江杭州），俘虏南宋恭宗赵㬎及谢太后。至元十六年（1279），元军在崖山海战中消灭了南宋流亡官员和宋军残部所重建的新朝，南宋灭亡。1368年，蒙古人退居漠北，与明军对峙，史称北元，直至1402年才去国号。

# 马可·波罗眼中的东方天堂

马可·波罗

马可·波罗是意大利的著名旅行家和商人，17岁时跟随父亲和叔叔，途经中东，历时四年多的时间到达大元帝国。元世祖忽必烈非常高兴马可·波罗等的到来，分封他们为荣誉侍从。

马可·波罗在元朝17年，学会了蒙古语和汉语。他借奉忽必烈大汗之命巡视各地的机会，走遍了中国的山山水水，中国的辽阔与富有让他震惊。他先后到过今天的新疆、甘肃、内蒙古、山西、陕西、四川、云南、山东、江苏、浙江、福建以及北京等地，还出使过越南、缅甸、苏门答腊。他每到一处，总要详细地考察当地的地理环境和风土人情。

回到威尼斯后，1298年由马可·波罗口述，写下了著名的《马可·波罗游记》，记述了他在东方最富有的国家——元朝时期的见闻，这是欧洲人撰写的第一部详尽描绘中国历史、经济等方面的书籍。

忽必烈召见马可·波罗

**知识链接** **《马可·波罗游记》** 该书盛赞元朝的繁盛昌明，详尽描述了发达的工商业、繁华热闹的市集、华美廉价的丝绸锦缎、宏伟壮观的都城、完善方便的驿道交通、普遍流通的纸币等。书中的内容，使每一个读过这本书的人都无限神往。《马可·波罗游记》被中世纪时期的欧洲认为是神话，被当作“天方夜谭”，激起欧洲人对东方的热烈向往，对以后新航路的开辟产生巨大影响。

元代驿站送信

中国的文化艺术系统地传播到欧洲，自元朝始。西方学者莫里斯·科利思认为：“《马可·波罗游记》不是一部单纯的游记，而是启蒙式作品，对于闭塞的欧洲人来说，无异于振聋发聩，为欧洲人展示了全新的知识领域和视野。这本书的意义，在于它导致了欧洲人文科学的广泛复兴。”《马可·波罗游记》已有119种文字的版本。

# 旷世一帝元世祖忽必烈

忽必烈（1215—1294）是元朝开国皇帝，成吉思汗之孙，元睿宗孛儿只斤·拖雷第四子，元宪宗孛儿只斤·蒙哥之弟。其母唆鲁禾帖尼。1260年至1294年在位。庙号世祖，谥号圣德神功文武皇帝，蒙古语尊称薛禅皇帝。

忽必烈

忽必烈和他的祖父成吉思汗一样，雄才大略，文武全才。1251年，其长兄蒙哥即大汗位，忽必烈受封为王。1252年忽必烈即奉命征讨大理，迅速平息了那里的叛乱，其军事才华初显。1260年蒙哥去世，忽必烈在开平即汗位，建元中统，开始按中国传

统的王朝年号纪年。1271年，改“大蒙古”国号为大元，1272年迁都元大都（今北京）。随后即举兵南下，直至1279年灭南宋，完成了其祖父成吉思汗的一统天下的宏愿。

忽必烈胸怀大略，对汉文化多有研习和借鉴，很早就起用了一批汉族幕僚。当政之后，他仿照汉族前代吏治的做法，设立了以中书省为最高机构的完整的国家行政架构，任用了大量的汉族文人出任重要官职。

忽必烈一生最大功绩是统一了中国，进一步扩大、巩固了中华民族的版图。他实现了10个世纪以来“所有居毡帐”民，即世世代代的游牧民所抱有的朦胧梦想，最终成为中国乃至整个亚洲定居农民中人口最稠密的地区的主人。

忽必烈确立中央集权政治，采取一些有利于农业和手工业生

▲ 1279年，忽必烈统一中国

▲ 蒙古文信牌

知识链接 **《农桑辑要》**是中国现存最早的官修农书。元世祖即位后，派司农司搜罗古今农书，采集民间生产经验，编成《农桑辑要》一书，元至元二十三年（1286）六月初十日颁布全国。

《农桑辑要》分典训、耕垦、播种、栽桑、养蚕、瓜果、果实、竹木、药草、孳畜10门。内容大多辑自古代至元初的农书，涉及各种作物的栽培及家畜、家禽、鱼、蚕、蜂的饲养，对于棉花和芝麻的栽培，特别加以提倡。

知识链接 **通惠河** 元代挖建的漕运河道，由元代著名天文学家、水利学家郭守敬主持修建。至元二十九年（1292）开工，至元三十年（1293）完工，元世祖忽必烈将此河命名为通惠河。通惠河不仅是元大都的一条经济命脉，而且也是著名的风景区。

元代石雕

产的措施，发展了国内各民族的经济文化交流，使边疆地区得到开发。他还非常重视农业，亲自组织编写了《农桑辑要》，指导全国的农业生产。

交通问题，对元朝的行政和物资供应很重要，受到了忽必烈的密切关注。并在可能栽种的道路两旁种上树遮阳，在每隔一定的距离上建商旅客栈。还把20多万匹马分发给各驿站，用于元朝邮政。

为保证北京的粮食供应，忽必烈修复和开通了大运河，使大米经运河从中部运往都城。为了备荒，忽必烈恢复了国家控粮的政策。在丰年，国家收购余粮，贮藏于国仓。当荒年谷价上涨时，开仓免费分发谷物，还组织了公众救济。1260年颁布法令要

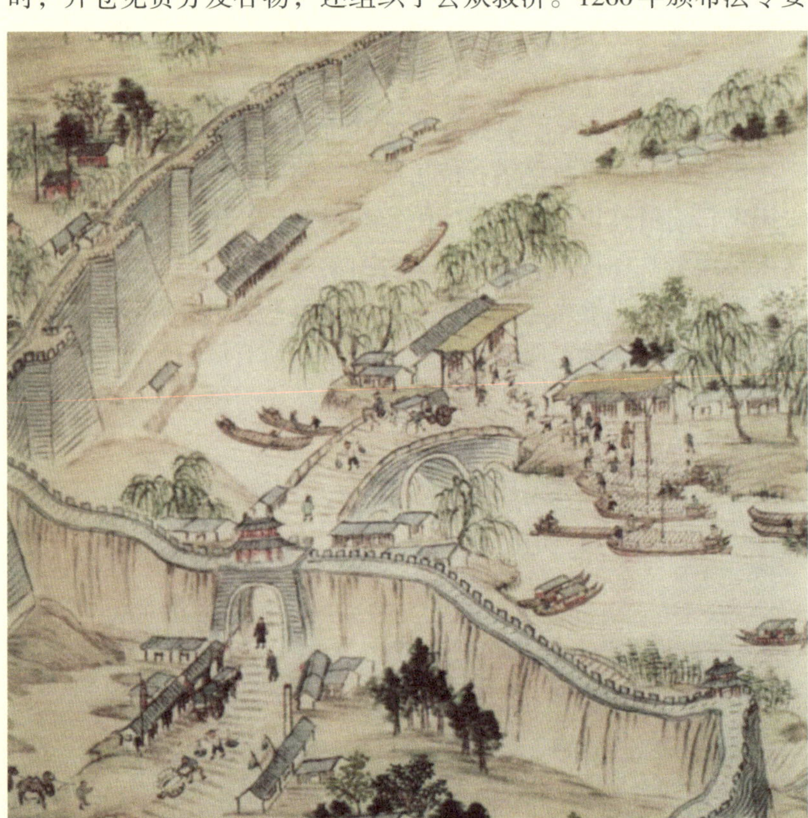

元代通惠河漕运图(局部)

求地方长官对老学者、孤儿、病弱者提供救济。

忽必烈恢复的行政机构治愈了一个世纪之久的战争创伤。宋朝灭亡后，他不仅保留了宋朝的机构和全部行政官员，而且还得到了当时任职官员们的效忠。在征服土地之后，他也完成了对人们头脑的征服。

马可·波罗评价忽必烈是真正的“大君主”，“从亚当时代至今，世界上曾有过的统治着人民、土地和财富的最强大的君主”。

▲

螭虎纹玉璧

# 左右匡正的察必皇后

◀ 察必皇后

忽必烈是一位非常有作为的大汗，他的皇后察必不无匡正之功。

察必出自弘吉剌部，生性仁明，随事讽谏，多裨时政。《元史》称她“其性明敏，达于事机，国家初政，左右匡正，后有力焉”。

至元十三年（1276），元灭宋。忽必烈在上都大摆宴席，酒酣耳热，君臣无不喜笑颜开，只有察必皇后一人若有所思，闷闷不乐。忽必烈便问她：“现在江南已经平定，从此不必再大动干戈，大家都高高兴兴举杯庆贺，为什么你一人面无喜色呢？”察必皇后跪在地上答道：“我听说从古到今不曾有过一个朝代能千年相传，但愿我们的子孙不会蒙受亡国的厄运！”忽必烈听了连连点头。

察必皇后始终勤俭自律，在其所居王宫丹墀前，亲手栽种了一株从成吉思汗兴业故地带回的青草，名为“誓俭草”，用以告诫皇宫子孙保持崇俭风尚。

当时，蒙古人的帽子没有前檐儿，忽必烈狩猎射箭时，感觉太阳刺眼，回宫后对察必皇后说起此事，皇后就在帽子上加了一

元代印金花卉罗夹衫

个檐儿。忽必烈一试，果然遮阳适用，下令以后的帽子就照这个样子制作。察必皇后担心忽必烈骑马的时候会冷，就发明了一种衣服，用旧衣改制而成，后边比前边长，没有领子和袖子，穿起来特别方便，叫“比甲”，被后人争相仿效。

至元十八年（1281）察必皇后病逝，死后追尊昭睿顺圣皇后。

# 独具特色的元代社会

广阔的疆域和众多的民族，使元代社会的发展呈现出多样性与独特性。各民族的融合，多种宗教的和谐发展，农业的恢复发展，手工业的兴盛，发达的河运与海运，繁荣的对外贸易，精彩纷呈的元曲和南戏，富丽堂皇的永乐宫壁画……这一切共同构建了一个空前繁荣的元代社会。

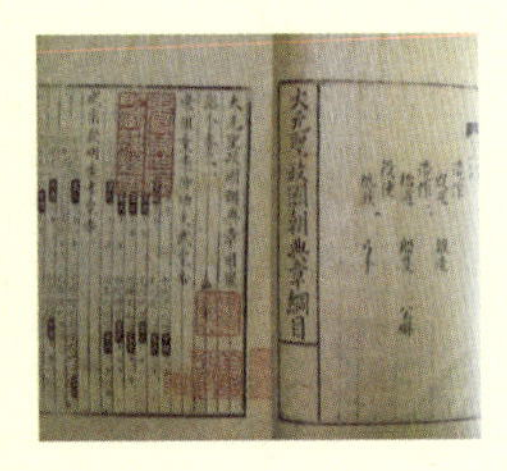

《元典章》书影

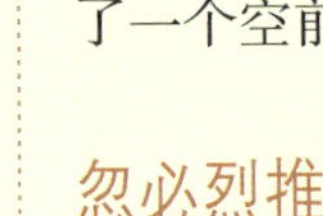

## 忽必烈推行汉法

忽必烈于1260年四月颁布即位诏书。他在诏书中指明成吉思汗创业以来的50余年当中，“武功迭兴，文治多缺”，表示“爱当临御之始，宜新弘远之规”，决心“建极体元，与民更始”。他大力推行汉法，使大蒙古国面目一新。

忽必烈首先建立年号、国号和礼仪制度，并把都城移向中原地区。即位不久，他就宣布建元“中统”，采用中国传统的王朝年号纪年。中统五年（1264）八月，改年号为“至元”。至元八年（1271）十一月，他又宣布将“大蒙古”国号改为“大元”。至元三年（1266）他在燕京设太庙，祭祀祖宗。至元七年（1270）制定朝仪，采纳中原的礼仪制度。

蒙古汗国都城哈剌和林遗址上的巨型石龟

蒙古汗国的都城原来在漠北的哈剌和林，忽必烈放弃哈剌和林，在漠南和中原设两个都城。

忽必烈建立了国家机构和职官制度，确定中央集权的封建专制统治。军、政体制与前代相比是较为健全的，主要由中书省、枢密院、御史台构成。

元代铜镜

## 元建行省

元代行省制度的确立，是中国历史上首次在行政区划上设立的省一级行政单位，是中国行政制度的一项重大变革。省，作为一级地方行政区划的名称，一直沿用至今。

行省是朝廷委派重臣到各地署事，行使中书省职权的简称。以后行省由中央临时派出机构转为地方常设的最高行政机构。除中书省直辖的腹里（河北、山东、山西）和宣政院管理吐蕃以外，元朝在全国设有岭北、辽阳、河南、陕西、四川、云南、

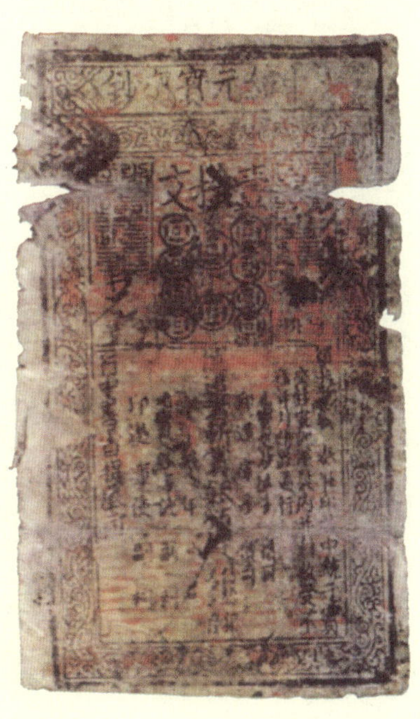

元宝交钞

甘肃、江浙、江西、湖广等十个行省。

与前代相比，元代的行政管辖范围进一步扩展到了许多边地，在其他朝代时，还都是些国家管理不及的地方，元时和内地一样设置了行政机构，征收赋税。

驿站乘马铜牌

元朝的地方行政机构，分别为行省、路、府、州、县。元代行省制度是自秦汉以来中央集权制度的一个重大发展。

## 经营西域、西藏

从9世纪中叶起，西藏长期处于割据纷争的局面，这种情况一直延续到蒙古兴起的时候。13世纪中叶，驻在凉州（今甘肃武威）的蒙古宗王阔端与西藏藏传佛教萨迦派的萨迦班智达建立了

密切联系。蒙哥汗三年（1253），忽必烈从凉州请八思巴到他在漠南桓州的王府。他即位后即封八思巴为国师，后又称帝师，依靠八思巴实现对西藏的治理。

至元初年，忽必烈设总制院，后改为宣政院，由其任命的帝师执掌。宣政院有两重任务，一方面要管理全国释教僧徒，一方面要管理西藏的“军民财谷事务”。在藏族聚居地方，宣政院设有多处宣慰使以及宣抚使、安抚使、征讨使。

出土于科右中旗的元代夜巡牌

## 各民族融合与空前繁荣

元朝统一中国，结束了长期南北对峙的局面，加强了国内各地区、各民族间的相互联系，为全国社会经济的发展创造了有利的条件。元朝的经济仍以农业经济为主，但生产技术、垦田面积、粮食产量、水利兴修以及棉花的广泛种植等都超过了前代。元朝畜牧业的发展体现在牧地的扩大、牧养设施的改进等方面。元朝的手工业生产除官办作坊外，民间手工业比较发达，行业种类超过前代。特别是新兴棉纺业、制毡业都已达到相当高的水平，瓷器、印刷业也有较大进步。由于驿传制度完善和海运的开

元朝拥有当时最发达的交通运输业和四通八达的驿站，草原丝绸之路和海上丝绸之路促进了东西方经济文化的大融合，使元朝成为中国历史上最开放的朝代之一

通，国内外交通空前发达，商业比唐、宋时代有了很大的发展。城市繁荣，盛况空前，出现了大都、杭州、泉州、广州等闻名世界的大都市。元朝的国际贸易交往，东到日本等国，南到印度和南洋各地，西南通阿拉伯、地中海东部，西面远达非洲。元朝政府先后在泉州、庆元（今浙江宁波）、上海、澉浦（今浙江海盐南）、温州、广州、杭州等地设立市舶司，专门管理对外贸易。

元朝的文化艺术和科学技术有很高的成就。其中天文学居于当时世界最先进地位，数学、医学也都在世界先进之列，戏曲与小说创作繁荣，元曲成为与唐诗、宋词并称的优秀文学遗产。

### 多元汇流的元代工艺

元朝的空前大统一，使得四海一家，蒙古族文化、伊斯兰文化、汉族传统文化、藏传佛教文化、欧洲基督教文化共处相融。中西方的交流也达到空前的巅峰，草原丝绸之路大为复兴，海上的丝绸之路也更为繁荣。

相比唐的雍容大度，宋的清隽典雅，元代的工艺美术风格可用“精丽华贵”四个字来概括。从草原走来，游牧民族的豪情创造了游牧文化的风采；向中原走去，传统审美观发扬光大，人工装饰技巧被提高到前所未有的高度，一些器型与纹饰体现了新的艺术潮流。

▲

《西厢记》插图

## 璀璨的元曲

在中国古代文学史上，唐诗、宋词、元曲犹如三颗璀璨的明珠，散发着耀眼的光辉，见证了中华文化的独特魅力。

元朝疆域辽阔，经济繁荣，工商业兴盛，使市民社会异常活跃。因此，继唐诗、宋词之后，元曲蔚为一代文学之盛，散发出

知识链接 **元曲** 原本来自所谓的“蕃曲”、“胡乐”，首先在民间流传，被称为“街市小令”或“村坊小调”。随着元灭宋入主中原，它先后在大都（今北京）和临安（今杭州）为中心的南北广袤地区流传开来。元曲有严密的格律定式，每一曲牌的句式、字数、平仄等都有固定的格式要求。

戏曲演奏图（元代壁画，出自山西洪洞县广胜寺）

了独特的芬芳，堪称中华文学史上的又一朵艺术奇葩，和唐诗、宋词鼎足并举，成为我国文学史上三座重要的里程碑。

元曲是元杂剧和散曲的合称，是元代文学主体。不过，元杂剧的成就和影响远远超过散曲，因此也有人以“元曲”单指杂剧，元曲也即“元代戏曲”。

元杂剧是在金院本的基础上孕育发展而形成的，正当南戏盛行之际，北杂剧走向成熟。13世纪后半期是元杂剧雄踞剧坛最繁盛的时期。四折一楔子的结构形式是其显著的特色之一，“一人主唱”是元杂剧的又一显著特点。元杂剧唱与说白紧密相连，“曲白相生”。

元杂剧陶俑

元曲的组成，包括两类文体：一是包括小令、带过曲和套数的散曲；二是由套数组成的曲文，间杂以宾白和科范，专为舞台上演出的杂剧。元曲以其作品揭露现实的深刻以及题材的广泛、语言的通俗、形式的活泼、

**知识链接** **元曲代表人物和经典曲目**

元曲四大家：马致远、关汉卿、郑光祖、白朴。

元曲四大爱情剧：关汉卿《拜月亭》，王实甫《西厢记》，白朴《墙头马上》，郑光祖《倩女离魂》。

元曲四大悲剧：关汉卿的《窦娥冤》，白朴的《梧桐雨》，马致远《汉宫秋》，纪君祥的《赵氏孤儿》。

风格的清新、描绘的生动、手法的多变，在中国古代文学艺苑中放射着璀璨夺目的异彩。

# 精彩了世界的元青花瓷

元青花凤首扁壶

元青花瓷开辟了由素瓷向彩瓷过渡的新时代，其富丽雄浑、画风豪放，绘画层次繁多，与中华民族传统的审美情趣大相径庭，是中国陶瓷史上的一朵奇葩，同时也使景德镇一跃成为中世纪世界制瓷业的中心。

元代随着国内外贸易的发展需要，中国瓷业较宋代又有更大的进步，景德镇窑成功地烧制出青花瓷器。青花瓷普遍出现和趋于成熟，产销兴旺，元人蒋祁著《陶纪略》中记述："窑火既歇，商争取售，而上者择焉，谓之捡窑。交易之际，牙侩主之……运器入河，肩夫执券，次第件具，以凭商筹，谓之非子。"

元代广阔的疆域，广泛的对外交流，不同文化的融合荟萃，使得青花瓷以鲜活、艳丽、明快而独树一帜，可以说是多元文化的相互交融，演绎出了美轮美奂的艺术佳作。素胎勾勒，钴料呈色，釉下彩绘，犹如水墨画般明净素雅，古老的文明赋予了青花瓷千年的神韵，彰显出传统文化的博大与深邃。

**知识链接** **元代青花瓷的分期** 元代青花瓷以景德镇为代表，其制作精美而传世极少，故而异常珍贵。根据时间大致分为延祐期、至正期和元末期三个阶段，其中又以"至正期"为最佳。

知识链接 **青花瓷构图** 元代青花瓷构图方法大致可分为饱满和疏朗两类。饱满类型的装饰，无论圆、琢器，全器被青花纹饰所覆盖，有的器身布满青花纹饰达八层之多，以此突出表现元青花的壮美之感。疏朗形式的装饰，讲究无论是圆、琢器的青花纹饰都由单独纹样构成，装饰画面疏朗，活泼自然。

元青花缠枝牡丹纹双重耳罐

元代是蒙古族的一统江山，北方少数民族具有与中原不同的历史背景和文化观念，青花瓷器的一些特征与蒙古族的社会风尚息息相关，在使用功能方面体现出游牧文化因素。元代藏传佛教的盛行可谓空前绝后，有些青花瓷器的造型与装饰明显受此影响。

精彩了世界的元代青花瓷，穿越了沧桑，承载着传奇。大型器皿一般为外销瓷，如为了适应伊斯兰地区的社会生活习俗，根据广大穆斯林席地而坐的习惯来定制的，制作工艺上出现了胎体厚重的巨大形体，如大罐、大瓶、大盘、大碗等。但也有精细之作，如胎体轻薄的高足碗、高足杯、盘等，以满足不同地域、不同生活习惯使用者的需要。根据考古资料可知，许多小件元青花瓷都是当年为满足东南亚人陪葬需要而制作的外销商品。除了外销，元青花瓷生产者对内为了符合元代社会生活习俗，生产了中小型瓶、炉、笔山、高足碗、连座器等五大类瓷器。

元青花穿花凤纹执壶

元代龙凤大罐

# 第四章 独具魅力的民族风情

不仅绚丽多姿，而且独具魅力，蒙古族的民俗风情在岁月的长河中经历数千年浸染而大放异彩。尽管注入了礼仪和娱乐的成分，也有宗教因素，但仍是构成民族文化的精华。仅是对大自然的敬畏、顺应和把握，就蕴涵着丰富的生存智慧。

首届鄂尔多斯国际那达慕开幕式剪影

风情与蒙古族有着密切的渊源，并赋予了相当丰富的情感。尽管也有百里不同风与千里不同俗的一方面，蒙古民族风情还是有其共同的特点。

## 白、红、黄三色系
# 蒙古族特色饮食

以肉为食酪为浆，蒙古族的饮食丰富，主要是白色的奶食品，红色的肉食品，黄色的饮料，主要是茶。

广袤的草原，肥壮的牛羊，蒙古族早期以猎获物为食品，从事畜牧业后，既吃猎获物也食用家畜的肉和奶。11世纪以后，蒙古人的食品已形成奶食、肉食、粮食三大类并用的习惯，这种习惯至今仍保留着。但是，由于自然条件和社会经济发展水平的不同，各地蒙古人的食品中，肉、奶、粮所占比例不同，品种不同，食法不同。牧业区的牧民，至今仍以肉食为主，在农业区和

银奶桶（成吉思汗陵文物）

**知识链接** **白食与红食**

白食是奶类食品，以奶为原料所制成，蒙古语称“查干伊得”。

红食是以肉类食品，以肉为原料所制成，蒙古语称“乌兰伊得”。

半农半牧区的蒙古人则以粮食为主。

奶豆腐

白食饮用的，有鲜奶、酸奶、奶酒；食用的，有奶皮子、奶酪、奶酥、奶油等。白食美味可口，营养特别丰富，最常见的就是牛奶，还有羊奶、马奶、鹿奶和骆驼奶。其中一部分作为鲜奶饮用，大部分加工成奶制品，如：酸奶干、奶豆腐、奶皮子、奶油、稀奶油、奶油渣、酪酥、奶粉等，可以在正餐上食用，也是老幼皆宜的零食。

制作奶豆腐的模具

蒙古人以白为尊，视乳为高贵吉祥之物，如有客来，首先要献上，若是小孩儿来，还要将奶皮子或奶油涂抹其脑门儿，以示美好的祝福。

红食是蒙古族的肉类食品，主要是牛肉、羊肉。

羊肉常见的传统食用方法，有全羊宴、嫩皮整羊宴、煺毛整羊宴、烤羊、烤羊心、炒羊肚、羊脑烩菜等70余种。最具特色的是蒙古族烤全羊（剥皮烤）、炉烤带皮整羊。最常见的是手把羊肉。

**知识链接** **手把羊肉** 手把羊肉是蒙古族传统的肉食方法之一，是将肥美的绵羊捉住后，就地切开胸腔拉断动脉，剥皮去内脏，血盛于器皿中以备煮制灌肠，然后洗净，去头、蹄，再把整羊卸成若干块，不加任何调味品放入白水锅中煮，待水滚肉熟即取出，置于盘中上桌，大家各执蒙古刀割着吃，称为“手把肉”。

据说在成吉思汗时代，蒙古将士在行军途中，用铁支架，烧烤整羊吃，这或许就是现在烤全羊的雏形。

知识链接 **最高礼遇——整羊宴**

蒙古族最高礼遇是整羊宴，还有一种吃法叫煮整羊，蒙古语称“首思”。

据《蒙古秘史》记载，成吉思汗平定天下，大飨功臣的时候，用的就是这种整羊酒席宴。因此，用整羊待客是蒙古族历史悠久而又十分隆重的最高礼遇之一。

整羊宴之所以高贵，是因为不仅是祭祀的主要供物，也是民间红白喜事、礼尚往来、佳节良辰、款待宾客时必不可少的首要食品。

红食还有整羊背子、羊肉串、涮羊肉等。这些都是具有浓郁的游牧民族特点的美味佳肴。

食品

在日常饮食中，与红食、白食占有同样重要位置的，是蒙古族特色食品——炒米。西部地区的蒙古族还有用炒米做“崩”的习俗。面粉制作的食品，最有特色的是蒙古馅饼、蒙古包子、蒙古糕点等，还有常见的面条和烙饼。

如今蒙古族早已不只是“食肉饮酪”和“炒米砖茶”了，而是有着五花八门的食品，既有待客、节日、吉庆日所用的佳肴，也有味美可口的、具有民族特点的日常的食品。新中国成立后，现代工业为蒙古奶食品发展提供了新技术，奶食品种类增多了。如奶粉、奶糖、奶酪、奶酥、白油、黄油等应有尽有。原来奶食品都是家庭手工制作，现在已由乳品加工业生产。

## 茗饮一绝奶茶香

茶是蒙古族主要饮品，蒙古人每天离不开茶，饮红茶，更饮奶茶。

蒙古人家每天早上第一件事，就是煮奶茶。

奶茶器具

奶茶所用的茶叶是青砖茶。因为砖茶含有丰富的维生素C、蛋白质、芳香油等人体必需的营养成分。奶茶的一般做法是先将茶捣碎，放入白水锅中煮。茶水烧开之后，煮到茶水较浓

**知识链接** **蒙古奶茶** 也叫蒙古茶，是蒙古族牧民日常生活中不可缺少的饮料。品尝奶茶的优劣也以茶色、香气、形态和味道等四个方面来进行，而且需要细细品尝，才能够体会到其味道之美。

时，用漏勺捞去茶叶之后，再继续烧片刻，并边煮边用勺扬茶水，待其有所浓缩之后，再加入适量鲜牛奶，用勺扬至茶乳交融，再次开锅即成为馥郁芬芳的奶茶了。

多数地方喝奶茶要加少许食盐，牧民喝奶茶时，还要泡着吃些炒米、黄油、奶豆腐和手把肉，这样既能温暖肚腹，抵御寒冷的侵袭，又能够帮助消化肉食，还能补充因吃不到蔬菜而缺少的维生素。所以，在牧区有一句俗话说："宁可一日无食，不可一日无茶。"

## 珍贵饮料马奶酒

马奶酒又名酸马奶，堪为蒙古一绝。它是以马奶为原料，用曲种发酵酿造而成的。马奶酒只发酵而不蒸馏。每年青草季节是酿造马奶酒的时节，一般有养马业发达并有挤马奶习惯的草原牧区的蒙古人才进行马奶酒生产。每年到了秋季，牧草枯黄，就停止挤马奶，所以马奶酒的生产周期较短，产量也不高，大体上边

酒具

**知识链接** **马奶酒历史** 马奶酒远在800年前的13世纪，就以“忽迷思”饮料闻名于世。元代诗人称赞它是“味似融甘露，香凝酿醴泉”的上等饮料。

酿造边喝完。马奶酒的酒精度数较低，一般只有3°左右，因此不宜久藏，所以马奶酒以鲜美受到世人的青睐。

马奶酒

除马奶酒，蒙古族还酿制烈性奶酒。这种酒主要以脱脂牛羊奶为原料，用奶曲发酵后经蒸馏而成。它的酒精变数较高，有30°左右。其色极清，酒味醇香，一般换五次水即完成一锅。在蒙古族酒中，六酿酒过去属于上等圣洁饮料，“非奉敬宾，不轻饮也”。清代这种酒成为清廷御用贡酒。

作为蒙古族人民重要饮料之一的酒类，现在更加丰富多彩了。蒙古人除饮用奶酒，还饮用各种粮食酒和各种果酒。不论居住在城市还是农村牧区的蒙古人，也喜欢喝啤酒，而且下酒菜肴的花色品种也更加丰富。

## 传统美食“诈马宴”

烤全羊是从元代宫廷传承下来的一种整羊宴。在清代颇受宫廷青睐并称“诈马宴”，常招待蒙古王公。从700多年前元世祖忽必烈时代流传下来的蒙古族传统宴席——诈马宴曾荣获中国名宴奖。

“诈马”即蒙古语“珠马”或“招木”的异译，指的是用蒙古族传统的屠宰法杀畜之后，开水煺毛，去掉内脏，收拾干净的

烤全羊

整畜。诈马宴其色、香、味、形俱佳，是蒙古肉食中最讲究烹调技艺的上乘大菜。

蒙古盛宴图

烤全羊的制作法，即把白条绵羊带头和蹄用特备的装置吊好，再将各种调味品放入预先切好的切口和腹腔内，然后在表皮上涂一层食用油，再装入特制烤炉中烤制。大约烘烤三个小时，便是一只外皮酥香、味美肉嫩的烤全羊了。按照一般规矩，宴席上五道菜后，才把烤全羊置于大盘端来，请宾客观赏之后，再把它端回去，按皮和肉分别切成片或块重新上桌供食用。吃时可随意用荷叶饼，夹着肉和大葱、甜面酱等作料吃，别有一番风味。

烤全羊过去多用来进行祭奠或祭敖包时才用，现在已成为盛大节庆或迎接贵宾用的一种特殊菜肴。

## 风靡世界的成吉思汗铁板烧

风靡世界的蒙古式传统烧烤成吉思汗铁板烧，俗称成吉思汗火锅。但它不是今天所说的汤煮式火锅，它是一种炙肉片式美食。

成吉思汗铁板烧

相传，成吉思汗有一次围猎间休息宿营时，无意中看见士兵们架烤在篝火上的兽肉被旺火熏烧得焦黑。机智过人的成吉思汗盯着烧焦的兽肉时，忽然灵机一动，便取下一个士兵的铁盔放在篝火上，拔出腰刀，把猎来的黄羊肉削成薄片，贴在铁盔上烧烤。不一会儿肉香四溢，香满山谷，士兵们围过来一尝，烤焦的肉片外焦里嫩，香味满口，美不可言。据说“成吉思汗铁板烧”由此得名，蒙古式“铁板烧”从此诞生。

13世纪初，成吉思汗西征时这种蒙古式烧烤传到欧洲，后又传到东南亚和日本。至今在日本的札幌、中国香港的繁华闹区也都有“成吉思汗铁板烧饭庄”。据有关专家考证，名扬天下的韩国烧烤，也是源自蒙古式烧烤。

## 特色食品喇嘛炖肉

喇嘛炖肉是由喇嘛发明的一种食肉方法。它以北方盛产的大白菜及猪肉为原料做成。口味特点是：肥肉不腻，瘦肉不柴，肥瘦相宜，满口溢香，兼红烧肉、川白肉、大炖肉滋味而有之。由于猪肉浸透白菜，白菜充满肉味，亦含有干白菜、白菜、酸白菜的混合味道。菜汤鲜美脍口，沁人心脾，尤其以特大号海碗盛之放在桌心，大家围坐，众目所视，大有杀大猪、吃大菜的气氛。

▲

喇嘛炖肉

喇嘛们诵完经吃喇嘛炖肉 ▶

其制作方法是：将腌渍后的中等棵咸白菜切成块状，将带皮的五花三层的猪肉切成方寸形，一同放入铁锅内，加以葱、姜、盐等作料，用文火慢炖，经过两小时，方可食用。

喇嘛炖肉的制作方法，是瑞应寺的喇嘛们发明的。多年来，它传至民间，并被广大群众所接受，尤其在阜新蒙古族集居的地区，喇嘛炖肉已成为蒙古族人家待客的一种礼遇。

# 穹庐为室蒙古包

穹庐为室毡为墙，蒙古包是蒙古族人游牧过程的传统住房，古代称作穹庐、毡包或毡帐等。它伴随着蒙古民族走过了漫长的年代，有一首民歌这样唱道：

因为仿造蓝天的样子，
才是圆圆的包顶；
由于仿造白云的颜色，
才用羊毛制成；
这就是穹庐——

蒙古包前准备观看套马表演的牧人

我们蒙古人的家庭。

因为模拟苍天的形体，
天窗才是太阳的象征；
因为模拟天体的星座，
吊灯才是月亮的圆形。
这就是穹庐——
我们蒙古人的家庭。

蒙古包外观呈圆形尖顶，顶上和四周以一至两层厚毡覆盖，四周侧壁分成数块，每块高160厘米左右，用条木编围砌盖，草原游牧区多为游动式。游动式又分为可拆卸和不可拆卸两种，前

知识链接 **蒙古包的历史** 蒙古包自匈奴时代起就已出现，可谓久远。据《黑鞑事略》记载："穹庐有两样：燕京之制，用柳木为骨，正如南方罘思，可以卷舒，面前开门，上如伞骨，顶开一窍，谓之天窗，皆以毡为衣，马上可载。草地之制，以柳木组定成硬圈，径用毡挞定，不可卷舒，车上载行。"

者以牲畜驮运，后者以牛车运输。

蒙古包是以哈那的多少区分大小，通常分为4个、6个、8个、10个和12个哈那。12个哈那的蒙古包，在草原是罕见的，面积可达600多平方米，远看如同一座城堡。当几十个如此规模的蒙古包聚在一起，景象十分壮观。

组成蒙古包，主要由架木、苫毡、绳带三大部分组成，架设很简单，一般是在水草适宜的地方，根据包的大小先画一个画圈，然后沿着画好的圆圈将哈那架好，用2.5米长的柳条交叉编结而成，再架上顶部的“乌尼”，是长两三米的柳条棍，将“哈那”和“乌尼”按圆形衔接在一起绑架好，然后搭上毛毡，用毛绳系牢，便大功告成，一户牧民就算在草原上安家了。

搭好的蒙古包，包内装饰则是铺上厚厚的地毡，摆上家具，四周挂上镜框和招贴画。现在一些家具电器也进了蒙古包，生活十分多彩。

蒙古包的最大优点就是拆装容易，搬迁简便。架设时将“哈那”拉开便成圆形的围墙，拆卸时将“哈那”折叠合回体积便缩小，又能当牛、马车的车板。一顶蒙古包只需要两峰骆驼或一辆双轮牛车就可以运走，两三个小时就能搭盖起来。

蒙古包看起来外形虽小，但包内使用

知识链接 **古代翰儿朵** 古代蒙古贵族所用的蒙古包，又称“宫帐”。这种蒙古包与普通蒙古包相比，具有容积大、富丽堂皇等特点。普通蒙古包高十三四尺，宽五六尺，而翰儿朵则高大得多。

面积却很大。而且室内空气流通，采光条件好，冬暖夏凉，不怕风吹雨打，非常适合于经常转场放牧的牧民居住和使用。

蒙古族曾以游牧为主，所以居住蒙古包，原料非木即毛，制作起来不用水泥、土坯、砖瓦等建筑材料，可谓是建筑史上的奇观，这也是游牧民族的一大贡献。当今的蒙古族，除了游牧，相当多的蒙古族人从事农业生产或农牧兼营，已定居村镇和城市。

## 蒙古服饰冠、袍、靴、带

蒙古族服饰丰富多彩，造型独特，色彩绚丽，工艺精湛，集美丽、端庄与实用为一体，富有鲜明的个性特征，具有深厚的文化内涵，是蒙古民族在漫长的历史过程中集体智慧的结晶，不仅汇聚了马背游牧民族的创造智慧而璀璨夺目，也在中国五十六个

蒙古族服饰

民族服饰文化宝库中独树一帜。

美丽的蒙古族姑娘

冠、袍、靴、带是蒙古族服饰的主要组成部分。宽大的蒙古袍，高靿的长靴，足以显示蒙古民族的豪放性格；金银镶嵌的头饰，夸张的腰带，展示着蒙古民族的个性风采与审美情趣。

蒙古族男女老幼一年四季都穿长袍，春秋穿夹袍，夏季穿单袍，冬季穿棉袍。蒙古袍的男袍一般都比较肥大，女袍则比较紧身，以显示出女子身材的苗条和健美。蒙古袍的衣领、衣襟、袖口，皆有艳丽的镶边。衣扣多用黑绦子绣制，或缀以特制的黄铜扣子。样式从右边开襟，左边多不开衩。男式长袍一般用深蓝色、海蓝色或天蓝色的衣料制作；女式长袍多用红色、绿色或黄色的绸缎类制成。

知识链接 **蒙古袍颜色象征** 蒙古袍不同颜色各有象征，像乳汁一样洁白的颜色，是最为圣洁的，多在盛典、年节、吉日时穿用；蓝色象征着永恒、坚贞和忠诚；红色是像火和太阳一样能给人温暖、光明和愉快；黄色被看作是至高无上的皇权的象征，只有活佛或受到皇帝恩赐的王公贵族穿用，其他人不能穿用。

蒙古袍的颜色，因地、因人、因季而异。男子一般喜欢穿蓝色、棕色；女子则喜欢穿红、粉、绿、天蓝色，夏天更淡一些，有浅蓝、乳白、粉红、淡绿色等。

腰带是蒙古族服饰不可缺少的重要组成部分。一般多用棉布、绸缎制成，长三四米不等，色彩多与袍子的颜色相协调。束腰带既能防风抗寒，骑马持缰时又能保持肋骨的稳定、垂直，而且还是一种漂亮的装束。男子腰带上还要挂上“三不离身”的蒙古刀、火镰和烟荷包。

摔跤服

蒙古族摔跤服非常有特色，包括坎肩、长裤、套裤、彩绸腰带。坎肩袒露胸部。长裤宽大。套裤上图案丰富，一般为云朵纹、植物纹、寿纹等。图案粗犷有力，色彩对比强烈。内裤肥大，用10米大布特制而成。利于散热，避免汗湿贴于体表；也适

盛装

应摔跤角力运动特点，使对手不易使用缠腿动作。套裤用坚韧结实的布或绒布缝制。膝盖处用各色布块拼接组合缝制图案，纹样大方庄重，表示吉祥如意。服装各部分配搭恰当，浑然一体，具有勇武的民族特色。

蒙古固姑冠，属于元代蒙古族已婚女子流行的高冠。在《蒙古秘史》中蒙古语称孛黑塔，汉文史籍称固姑冠、故姑冠或罟罟冠，是一种具有浓厚民族色彩的、艳丽的冠饰，能显示出妇女的身份贵贱和社会地位。

蒙古坎肩是蒙古民族服装的配套服饰之一，是蒙古长袍的一种外套。蒙古妇女穿坎肩，一般不扎腰带。坎肩无领无袖，前面无衽，后身较长，正胸横列两排纽扣或缀以带子，四周镶边，对襟上绣着鲜艳花朵，并缀有五颜六色的电光片儿，光泽闪闪。蒙古坎肩始于元代。这种坎肩，初为世祖皇帝所服，后流行于民间。到明、清两代，逐渐成为普通蒙古妇女的一种服饰。

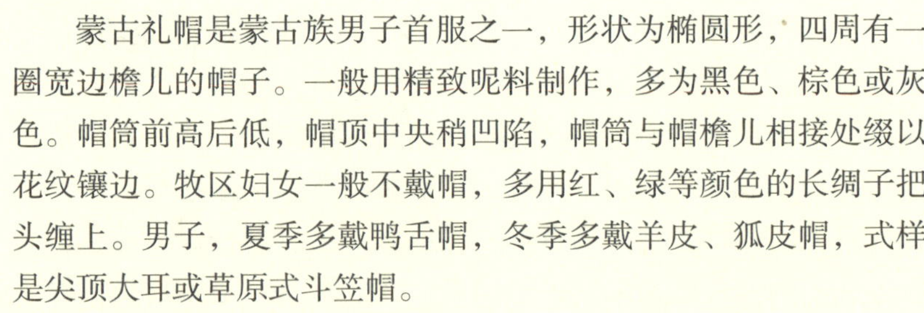

蒙古礼帽是蒙古族男子首服之一，形状为椭圆形，四周有一圈宽边檐儿的帽子。一般用精致呢料制作，多为黑色、棕色或灰色。帽筒前高后低，帽顶中央稍凹陷，帽筒与帽檐儿相接处缀以花纹镶边。牧区妇女一般不戴帽，多用红、绿等颜色的长绸子把头缠上。男子，夏季多戴鸭舌帽，冬季多戴羊皮、狐皮帽，式样是尖顶大耳或草原式斗笠帽。

鄂尔多斯蒙古族妇女头饰

蒙古靴是蒙古民族服装的配套部件，按质地分布靴、皮靴和毡靴等，是蒙古族人民在长期的劳动生产和日常生活中创造出来的，非常适合牧区的自然环境。骑马时能护踝壮胆，勾踏马蹬；行路时能防沙，减小阻力，又能防寒防蛇，美观实用。

蒙古族妇女的首饰，样式很多，逢年过节，喜庆宴会，访亲

蒙古靴

探友时用于头上的装饰。装饰品种类很多，材料也不同，多用玛瑙、珍珠、宝石、金银等制成。

# 多彩的蒙古族婚俗

婚礼，蒙古语称“好力牧”。蒙古族婚礼，是蒙古族风俗礼仪中绚丽多彩的乐章，尽管地区不同，形式各有差异，但都非常隆重热闹。婚礼上新郎要受掰羊脖子的考验，摆“乌查”宴表示敬意等程序，展示着传统婚礼丰富多彩的内容。

一般牧区的婚俗是：当娶亲回到男家后，新郎新娘不下车马，先绕蒙古包三圈。然后新郎、新娘双双穿过两堆旺火，接受

婚礼进行曲

▲

鄂尔多斯婚礼剧照

火神的洗尘。表示爱情的纯洁，新生活的兴旺。新郎新娘进入蒙古包后，首先拜佛祭灶，然后拜见父母和亲友。礼毕由梳头额吉给新娘梳头。梳洗换装后，等待婚宴的开始。婚宴通常摆设羊背子或全羊席，各种奶食品、糖果应有尽有。婚宴上，新郎提银壶，新娘捧银碗，向长辈、亲友逐一献哈达、敬喜酒。小伙子们高举银杯，开怀畅饮；姑娘们伴随着马头琴，放声歌唱。

蒙古族在很久以前就形成了一夫一妻制的婚姻制度，实行同一个氏族或部族内不通婚的习俗。一般是在金秋八月开始谈婚论嫁，小伙子的父母委托信赖的说亲人，择个好日子带上儿子去看中的姑娘家说亲。姑娘及父母如果看上了小伙子，就收下献上的哈达和一盘饼食，这门亲事就此定了下来。聘礼通常称为“穿

知识链接 **拜火** 蒙古族婚礼中的一个重要仪式。火的赞词：圣主成吉思汗发现的火石，诃额仑圣母保存下来的火种，用洁白的哈达、奶酒祭祀，民族之火从古到今。请新郎新娘祈祷吧！神火是你们婚配的见证；请新郎新娘叩头吧！佛光为你们接代传宗。

戴”，讲究“九”之礼，意思是给姑娘送九种不同的礼物。蒙古族信仰九，认为“九”之礼为最贵重的礼物。

迎亲途中，娶亲者和送亲者纵马奔驰，互相追逐，都想争先到家，成为优胜者。为此双方在途中要进行刁帽子竞赛。通常是送亲者想方设法把娶亲者的帽子抢过来，挑在马鞭上，或者扔到地上，迫使新郎下马去捡，以影响其行速。娶亲者彼此掩护，而不让送亲者抢去帽子。一路上，你追我赶，喜庆欢乐。

蒙古族婚礼，以其独特的民族特色，欢乐的生活气息，充分表现了古老民族多姿多彩的传统文化。

# 蒙古族传统礼俗

豪放的蒙古族，不但具有马背民族特有的民族素质，而且素有崇尚礼仪、尊老爱幼的传统美德。

## “以西为大，以长为尊”

蒙古族自古有“以西为大，以长为尊”的习俗。

尊老爱幼、礼貌待人是蒙古族的传统。见面要互致问候，即便是陌生人也要问好。平辈、熟人相见，一般是说：赛拜努——你好；若是遇见长者或初次见面的人，则要说：他赛拜努——您好！

九九消寒图

款待行路人，不论认识与否，这是蒙古族的传统美德。蒙古族待客十分讲究礼节和规矩。例如，吃手把羊肉时，一般在将

知识链接 **蒙古族谚语** 没有羽毛，有多大的翅膀也不能飞翔；没有礼貌，再好看的容貌也被耻笑。

羊的琵琶骨带肉配四条长肋送给客人。如果是用牛肉待客，则以一块带肉的脊椎骨加半节肋骨和一段肥肠送给客人。

蒙古族以西为尊，长辈住正房西屋。长辈没睡觉，晚辈不得先睡。早晨和晚上，晚辈向长辈请安，晚辈不得与长辈对坐饮酒和吸烟。敬烟、敬酒都得双手奉上。长辈和外人谈话，晚辈不得随便插话。

## 客来敬茶

在蒙古族历史上，不论是富贵之家还是贫穷之家，不论是上层社会还是平民百姓，也不论在交际场合还是在家里、在旅途或在其他一切场合，皆以茶为应酬品。家中有客来，茶是必不可少的款待饮品。因此，牧民们招待客人，照例是先向贵宾献上一碗奶茶，接着主人又端上来炒米和一大碗的奶油、奶豆腐和奶皮子等奶制品。

当客人被邀请进蒙古包，主人先在红漆小桌上摆上黄澄澄的酥油、珊瑚状的奶酪、似饼薄厚的奶皮子，以及炒米、红糖等食品，然后拿着瓷质精细、图案艳丽的小碗，用小木勺舀进少量炒米，沏上滚烫喷香的奶茶，敬让客人畅饮。

蒙古人迎接贵宾，婚丧嫁娶，逢年过节，敬神祭祖，最隆重的礼节就是放五茶。

当羊背子端上餐桌后，主人便先从长辈或职务高的人开始依次敬酒，以表示对客人的欢迎和尊重。斟酒时，有时斟一银碗酒，有时不使用银碗，而用酒盅敬酒，但是，均要求客人一饮而尽。

知识链接 **五茶** 蒙古族的五茶即献哈达、喝奶茶、尝鲜奶、摆整羊背子、敬美酒。

◀ 甜蜜的情侣

喝酒时，主人还要为客人唱祝颂歌。有多少酒，便有多少歌。酒歌既是一种劝酒活动，又是对待客人的一种盛情。

▲ 镂花银碗

知识链接 **喝酒礼俗** 当主人把酒倒入银碗中，用双手递给客人后，客人即用右手无名指伸到银碗里蘸三次，第一次弹向天空，以示敬天；第二次弹到地上，以示敬地、祭灶；第三次则自己品尝。

蒙古族人民注重礼仪，至今仍然如此，无不依据其礼为之，敬长慈幼，同胞相见，长幼有序，宾朋有礼。随着时代的发展，物质文化水平的提高，蒙古族礼仪的表现形式，在原有基础上有所丰富和改进，如鞠躬、握手礼、互赠纪念品等等，皆在蒙古族中盛行。

## 敬献哈达是蒙古族的最高礼节

蒙古族视哈达为吉祥物，献哈达是蒙古族的一项高贵礼节。

哈达多是丝绸制作，分白、蓝、黄等颜色。哈达的质料，有的是生丝织品，有的是棉纱织品。

向客人、长辈献哈达时，要张开双手举过头，捧着哈达，身体略向前倾；对平辈或下属，则要求用双手系在对方的脖颈上。

献哈达时，要吟唱吉祥如意的祝词或赞词，渲染敬重的气

知识链接 **哈达的颜色象征** 白色哈达象征纯洁、吉利，蓝色哈达象征天空的颜色，黄色哈达则为富贵。

敬献哈达

氛，同时将哈达的折叠口向着接受哈达的宾客。宾客要站起微向前躬身，面向献哈达者，集中精力听祝词和接受敬酒。接受哈达时，宾客亦应躬身双手接过，或躬身让献者将哈达挂在脖子上，双手合掌于胸前，向献哈达者表示谢意。

知识链接 **蒙古族跪拜礼** 蒙古人行跪拜礼时，男人跪右腿，左腿向前伸屈，右手下伸靠前，左手靠后微曲；女人跪左腿，右腿向前曲，右手压在左手背上，一并放在右膝上。

## 鼻烟壶不仅仅是一种器物

鼻烟壶是蒙古族人爱不释手的一种器物，但不仅仅是器物，而是承载着礼仪。当客人走进蒙古包，主人就会热情地向客人递鼻烟壶，以表示敬意和友好。客人接到鼻烟壶，应放到鼻下闻一闻，然后如礼以答。这样做能使双方的感情得到及时交流，很快消除彼此间的生疏之感。

递鼻烟壶时，还有一些讲究，同辈见面要用右手递壶，并互相交换；长辈与晚辈相见，长辈只欠一下身子用右手递给对方即可，晚辈则需跪下用双手把鼻烟壶接到手中。

蒙古族视鼻烟壶为珍宝，常作为收藏品妥善保存。

知识链接 **鼻烟壶的用料** 鼻烟壶的功能是沟通感情，珍贵之处在于制作鼻烟壶的原料选用的是金、银、铜、琥珀、玛瑙、翡翠等。

鼻烟壶上的图案有的在外面，有的在里边，即内画。其刻画的画面有飞龙奔马、千鸟石兽、山水风景等。图案绚丽多彩，意境高雅。

鼻烟壶

### 蒙古族禁忌

忌蹬门槛。到牧民家做客，出入蒙古包时，绝不许踩蹬门槛。农区、半农半牧区的蒙古族也有此禁忌。在古代，如果有人误踏蒙古可汗宫帐的门槛，即被处死。这种禁忌习俗，一直延续至今。

病忌。牧民家里有重病或病危的人时，一般在蒙古包左侧挂一根绳子，并将绳子的一端埋在东侧，说明家里有重患者，不待客。

## 欢乐的草原那达慕

蒙古族把那达慕大会视作盛大节日，每年都要举行一次，时间一般在牲畜肥壮的秋天，成为庆祝丰收而举行的文体娱乐大会。

那达慕上的草原骑手

那达慕源于蒙古族的摔跤、射箭、赛马三项竞技。现已成为草原上庆丰收、进行物资交流和举行民间体育活动的隆重集会。

那达慕历史久远，据铭刻在石崖上的《成吉思汗石文》载，早在1225年成吉思汗西征打败花剌子模后，举行过盛大的那达慕大会。自那以后，多少个世纪以来，每逢庆祝战

知识链接 **那达慕** 蒙古语的意思是“娱乐或游戏”。那达慕大会是蒙古族历史悠久的传统盛会。主要内容有摔跤、赛马、射箭等传统项目以及舞蹈、物资交流等。

▲

那达慕场景图

▲

赛马名次牌

功、祭旗点将、军民欢聚、盟旗聚会以及敖包祭祀等，都举办那达慕活动。

赛马是那达慕最激动人心的传统体育娱乐活动，赛程通常是50~70华里。赛手不穿靴袜，只穿华丽的彩衣，头上束着红、绿绸飘带，既轻便又英武。数十匹马在起跑线上，令枪一响，如同离弦的箭，向前飞奔，赛场顿时沸腾起来。当第一匹马冲到终点，人们立刻唱起优美的赞歌。

摔跤比赛是那达慕大会最引人注目的项目。搏克沁（意为摔跤手）上身穿镶有铜钉的“卓得戈”，下身穿肥大的摔跤裤，足蹬传统的布利阿耳靴，头缠红、蓝、黄三色头巾。穿上这种摔跤服，无论脚力怎么激烈，任凭撕、抓、揪、勾、绊，都不会伤人或扯坏衣服。

比赛开始，搏克沁模仿雄鹰的动作，跳着鹰舞，腰胸稍直，两臂上下摆动，做出雄鹰展翅的姿态，像鹰一样威武，跃入场内。摔跤场面龙腾虎跃，扣人心弦。蒙古式摔跤，实行单淘汰赛，一上来就互相抓握，膝盖以上任何部位着地都为失败，优胜者脖子上常套着五颜六色的布条项圈——“姜嘎”。

射箭更是蒙古族的强项，也是流传至今的熟练自如的运动项目。蒙古民族最早用于军事训练，后成为娱乐活动项目。

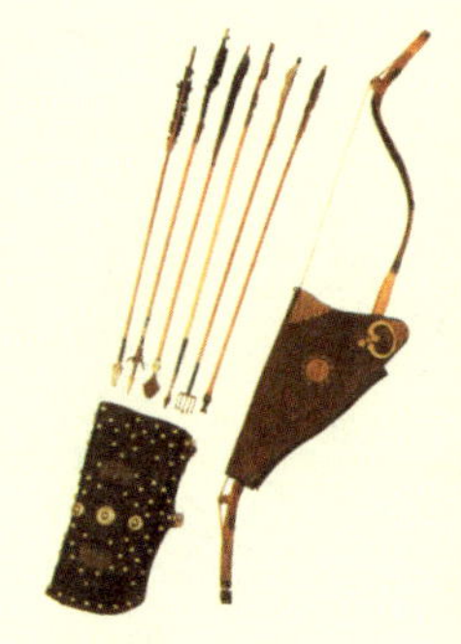

▲

皮弓囊、箭囊及角弓羽箭

知识链接 **蒙古族射箭比赛的种类** 蒙古族射箭比赛分静射、骑射、远射三种，有25步、50步、100步之分。静射时，射手立地，待裁判发令后，放箭射向箭靶，优者为胜；骑射时，射手骑马上，在马跑动中发箭，优者为胜。比赛不分男女老少，凡参加者都自备马匹和弓箭，弓箭的样式、弓的拉力以及箭的长度和重量均不限。比赛规则是三轮九箭，即每人每轮只许射三支箭，以中靶箭数的多少定前三名。

那达慕大会既是娱乐活动又是农牧物资交易的盛会，一年一度的那达慕大会，给草原增添了节日的气氛。那达慕推动着民族体育和经济的发展，也培育着顽强拼搏的精神。那达慕大会1992年被国家旅游局列为中国友好观光年项目。

# 蒙古族传统节日

蒙古族传统节日有白节、敖包节、那达慕、马奶节、剪羊毛节，还有草原上勇敢者的游戏打鬃节等。

## 白节

蒙古族把送冬迎春的第一天，即春节，称“查干萨日”。春节又称“白节”、“大年”，是蒙古族的传统节日。

节前，蒙古族人家要做新袍子，备制年货，各家互送牛羊肉，蒸黏豆包。除夕那天，家家都要吃手把肉，也要包饺子、

欢乐的节日

烙馅饼，合家聚餐。按常规要多吃多喝，酒肉剩得越多越好，晚辈向长者敬“辞岁酒”，吃饺子，欻嘎拉哈（羊的膝盖骨），通宵达旦。

初一早上，男女盛装，三五成群，互相拜年。现今晚辈见长辈已不再叩头，先道一声祝福，双手捧送一包糖。长者取一块，然后从自己包内拿出一块糖放入对方包内，以示礼尚往来。

## 敖包节

祭敖包，一般在农历六七月中旬。它是蒙古族牧民一年一度的草原盛会。会上，除了请活佛、喇嘛念经、祭祀山神、祈祷人

敖包

畜平安外，还要进行赛马、摔跤、射箭、唱歌跳舞等娱乐活动。

### 祭祖节

成吉思汗陵是蒙古人心中的圣地，每年的纪念活动格外隆重。祭祖节就是纪念蒙古族祖先成吉思汗的节日。八百年来，众多的蒙古人从四面八方前来拜谒，怀着崇敬虔诚的心情，站在这位伟人高大的雕像前，献上洁白的哈达、明亮的蜡烛、芬芳的香烛、乳黄的酥油、醇香的马奶酒等祭品，忆念圣主的雄才伟略，寄托无尽的思念，整个陵园香烟缭绕，弥漫着浓郁的节日气氛。

祭奠成吉思汗

## 千古之谜的密葬与灵魂安息五行葬仪

蒙古族的丧葬，不仅是习俗，而且是独特的文化现象。大汗的尸骨埋葬并不是同其他王朝那样建立起宏大的陵寝，而是进行

知识链接 **密葬习俗** 密葬与蒙古族的文化习俗有关。蒙古族最早的萨满教有朴素的对生命的解释，认为生命过程是生—活—死—再生，人是自然界中一分子，而且相信万物有灵，人的灵魂藏在人的血和骨之中，因此特别重视对人的血和骨的保存，保存大汗血肉之躯完整，是对他的无比崇敬，也是免除对其灵魂干扰的办法。

草原祭坛

密葬，其墓无冢，不见遗迹。因此，成吉思汗尸骨葬地，成为千古之谜。

密葬是蒙古人对祖先特殊崇拜的方式，蒙古人长期游牧草原，认定人是自然的一部分，回归自然理所当然。

蒙古人一方面对帝王的遗体进行密葬，另一方面世代祭祀帝王的灵魂，祭祀成吉思汗陵以及祭敖包、苏勒德战旗等，来表达崇敬之情。

《黑鞑事略》亦云："其墓无冢，以马践蹂，使如平地。"蒙古贵族用此葬俗。

关于蒙古人的五行葬法，《西域图志》有云："应用五行葬法者，则以五行之法葬，如应金葬，则置诸山；应木葬，则悬诸树；应火葬，焚诸火；应水葬，则沉诸河；应土葬，则埋诸地，如不用五行葬法，则撤蒙古包，弃其尸于道旁。"

草原小姐妹

# 关于蒙古人名

姓名是人类进化到一定程度上所出现的产物，当社会发展到一定初级文明程度的时候，它才表现出文化意义及文化意旨。趋吉避凶是普遍的传统文化心理，蒙古族崇尚自然，更多的是一种面对生存和命运取舍的精神形式，表现为英勇、顽强、团结、生生不息、延绵不绝，名字的象征与寓意非常有特点。

蒙古族男子起名的特点有：

按民族心理习惯起名，如：帖木儿、格斯儿、巴特尔等；

按长辈的期望起名，如：赛音吉雅——好运、巴雅尔——喜悦、白音——富足、吉日格朗——幸福等；

按婴儿出生时，长辈的年龄起名，如：达勒——七十等；

以勇猛的禽兽名称起名，如：阿日斯楞——狮子、部日固德——鹰等；

按自然万物名称起名，如：朝鲁——石头、塔拉——原野等；

蒙古族女子起名的特点有：

以明亮的星辰为名，如：娜仁——太阳、萨仁——月亮等；

以美丽的花草树木为名，如：娜布其——叶子等；

以珠宝玉器为名，如：哈斯——玉、塔娜——珍珠等；

以理想为名，如：斯琴——聪颖、高娃——美丽等。

按此方法，蒙古族女子的名字还可以分出很多种。

蒙古人的名字，最大的特点是只有名，不带姓。

蒙古族家谱（树喻法）

蒙古族孩子艳丽如花

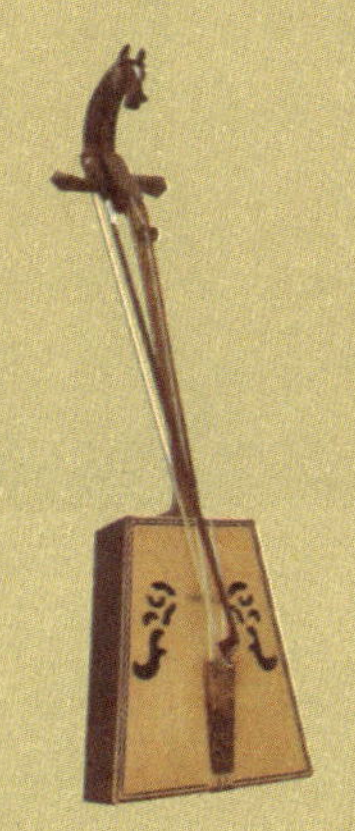

# 第五章 浩大壮美的文化

广阔无边的大草原，赋予蒙古族奇迹般的大舞台，孕育出极具特色、极有价值的游牧文化并辉煌于世。

铁骑狂飙的交响，在中国文化巨川中激荡起美丽的浪花，充满着永恒魅力而令人瞩目。

▲ 蒙古舞

绚丽多姿，雄浑厚重，蒙古族禀赋草原灵性，用智慧创造了灿烂文化，蒙古族文化深深地扎根于中华民族的沃土之中。

天籁之歌，精神之海，蒙古族人的心灵离自然最近，蒙古族文化是人与自然和谐之美的集中体现。

长调、马头琴、呼麦并称为“草原文化三宝”。

# 几经演变的蒙古文字

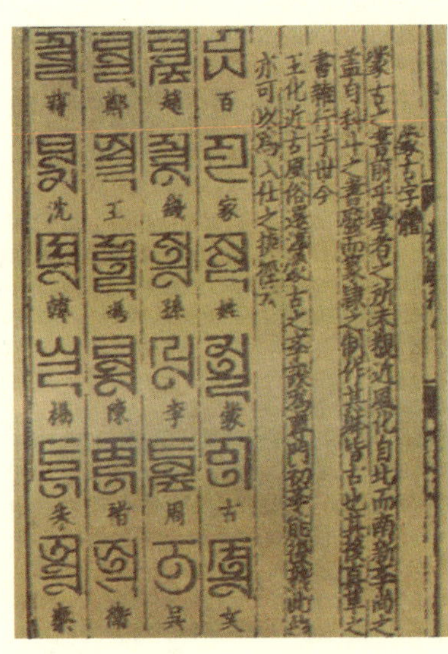

八思巴文字 ▶

文字是记录语言、表达思想的符号。蒙古诸部统一以前，蒙古地区尚无文字，凡世系事迹口相传述，或刻木为记。随着与毗邻民族联系的增加，有的部落开始出现文字的萌芽，如乃蛮即借用畏兀儿字母记本族语。蒙古族没有形成统一语言的时期，各部分别操着不同的方言，《蒙古秘史》就曾提到九种语言。

13世纪，蒙古勃兴于大漠南北，1204年成吉思汗西征乃蛮，得畏吾儿人塔塔统阿，他是乃蛮部太阳汗的师傅，实为国师，掌握金印和钱谷。成吉思汗遂命他："教太子诸王以畏兀儿字书国言"，这就是"畏兀儿字书"。畏兀儿蒙古文，也叫回鹘蒙古文。由于蒙古文的创制，成吉思汗开始颁布法典，编写文书。

元世祖忽必烈时，命国师八思巴采用藏文字母创制巴思八蒙古文，作为元朝通行的官方文字之一。由于八思巴文字学习和使用起来不方便未能得到普及，1310年，又改用回鹘蒙古文。

蒙古语属阿尔泰语系蒙古语族，分内蒙古、卫拉特、巴尔虎—布里亚特三种方言。现在通用的文字，是13世纪初以畏兀儿字母创制，经过本民族多次改革逐渐形成了今天的蒙古文字。17世纪中叶，喇嘛僧人咱雅班第达为准确表达卫拉特方言的语音，稍改变通用的蒙古文字，制成一种 "托忒蒙古文"，在新疆地区的蒙古族中使用。

《蒙古秘史》完成纪念地

# 蒙古族经典典籍

蒙古族重视保护和发展本民族的文化成就和历史传承，创造出许多具有鲜明民族特色的典籍，不但完整地记载了一个伟大民族的光辉历史，同时也极大地丰富了中华民族的文化宝库。

## 世界文化遗产《蒙古秘史》

《蒙古秘史》，是一部记述蒙古民族形成、发展、壮大之历程的典籍，是蒙古民族现存最早的历史文学长卷，是蒙古族"三大圣典"之首，被中外学者誉为"世界文学史上足以赞夸的神品"。

《蒙古秘史》书影

《蒙古秘史》是蒙古族最古老的历史文学典籍，也是世界文化遗产。原书用畏兀儿蒙古文写成，成书地点在蒙古高原的克

> 知识链接 **蒙古族“三大圣典”**《蒙古秘史》《蒙古源流》《蒙古黄金史》为蒙古族的三大典籍。

鲁伦河（今蒙古国克鲁伦河）流域，年代大约是13世纪，作者佚名。

《蒙古秘史》的内容极其广泛，涉及蒙古古代游牧社会生产、生活的各个方面。时间上讲，从蒙古民族图腾、成吉思汗的远祖，一直写到成吉思汗的儿子——窝阔台汗在位时期。从地域角度，横跨蒙古高原。

《蒙古秘史》全书内容共分12章282节，从内容上分为三部分，一是成吉思汗先祖的谱系；二是成吉思汗一生的活动历史，三是窝阔台汗的活动历史。

《蒙古秘史》是一部内涵丰富厚重，充满草原强者气息的书籍。介绍了当时社会变迁、文化风俗、宗教信仰和审美价值等内容，保存了蒙古族及中亚诸民族神话、传说、故事、寓言、诗歌、格言、谚语等资料。

联合国教科文组织执委会就纪念《蒙古秘史》成书750周年所作决议，称《蒙古秘史》以“独特的艺术、美学和文学传统及天才的语言，使它不仅成为蒙古文学中独一无二的著作，而且也使它理所当然地进入世界经典文学的宝库”。

现在的《蒙古秘史》，是用563个汉字（译音）拼写的蒙古语本，是一部有别于所有史籍的奇书。

> 知识链接 **《蒙古黄金史》与《黄金史纲》**
>
> 《蒙古黄金史》由罗卜桑丹津所撰，记述了自窝阔台汗至林丹汗近期的蒙古历史，它晚于《蒙古秘史》，早于《蒙古源流》，是一部较为完备的编年体史书。
>
> 《黄金史纲》也称作《小黄金史》，主要记述明代蒙古的历史。

▲

《江格尔》书影

## 不朽的史诗《江格尔》

《江格尔》是草原游牧民族奉献给人类文化宝库的厚礼，是蒙古民族的文学巨作，是世界著名英雄史诗，具有200余年的学术史。

《江格尔》首先形成书于新疆的卫拉特部，后随着卫拉特诸

**知识链接** **“江格尔”释译** 蒙古语释为“能者”；波斯语释为“世界征服者”；突厥语释为“战胜者”。

江格尔和他的夫人

部族的多次历史性迁徙，史诗得到了广泛的传播。这部史诗的总量，大约在60部到80部之间，10万行左右。史诗围绕着英雄江格尔及其率领的12名雄狮大将和6000名勇士共同保卫家乡、保卫人民的壮烈斗争场面展开。

《江格尔》刻画了以江格尔、洪古尔为代表的一大批古代蒙古族英雄人物的艺术形象，是一部古代蒙古族的风情长卷，其内容涉及蒙古历史文化的所有方面，具有多领域的研究价值。

《江格尔》语言非常优美而丰富，使用的是卫拉特蒙古的民间口语，穿插了古代民歌、祝词、赞词、格言、谚语等民间文学形式，具有英雄史诗特有的雄浑气势和强烈的音乐格调。这部史诗还反映了卫拉特蒙古人的生活、服饰、建筑等内容。它不仅是一部优秀的语言学作品，而且也是研究卫拉特蒙古的社会、经济、历史、语言、民俗等的宝贵资料。

《江格尔》在赞美江格尔的战旗时写道：“收起时是火红的太阳，举起时有七个太阳的光芒。”

**知识链接** **“江格尔沁”** 蒙古族对《江格尔》传唱艺人的称呼。历史上，众多的“江格尔沁”对发展和保留这部史诗做出了积极的贡献。

## 最珍贵的历史文献《蒙古源流》

《蒙古源流》作者萨囊彻辰雕像

《蒙古源流》由清代蒙古族学者萨囊彻辰撰写，清康熙元年（1662）武英殿本。

《蒙古源流》原书不分卷，全书以编年体形式上溯蒙古部落的崛起及成吉思汗为起源，并与印度、西藏诸王世系联系到一起；下至元到清初蒙古的历史文化及佛教传播，历述元明两代蒙古各汗的事迹，其中有关明代北元蒙古部封建主纷争的内容占全书之半。书中对北元达延汗及俺答汗时期政治、经济、宗教、领地划分，各部战争和诸汗世次、名号、生卒年及人地诸名、职官等的叙述，在所有蒙古文史籍中最为详细。此书还收录了很多蒙古民间传说、诗歌及藏文、梵文、汉文、满文等语言资料。作者自称此书系根据《古昔蒙古汗等源流大黄册》等7种蒙、藏文字资料写成。

《蒙古源流》是蒙古族编年史中最珍贵的一部历史文献。

### 蒙古族百科全书《蒙古风俗鉴》

▲

《蒙古风俗鉴》书影

《蒙古风俗鉴》由罗布桑却丹所著，成书于1918年，是一部内容丰富的蒙古文著作，被称为蒙古族的“百科全书”。

《蒙古风俗鉴》共10卷，凡60章，计20余万字。其内容包罗极广，从蒙古地区的自然环境和物产以及风俗民情，到蒙古族的政治、经济、军事、文化等各个方面的情况，无不分门别类，一一加以详述。从蒙古族的起源，到房屋、衣服、器皿和风俗习惯；从婚丧嫁娶、家庭教育、宗教信仰，到生产生活、口头文学、礼节、禁忌以至牲畜的放牧等，集蒙古族的政治、经济、法律之大成，成为研究蒙古学的宝贵文献。

## 天籁般的蒙古民歌

蒙古族素有“音乐民族”之称，一向以能歌善舞著称。而音乐是民族文化的重要组成部分之一，是民族特性及其外在的一种艺术表现形式。

歌者在深情演唱 ▶

蒙古族歌曲的特点，尾声悠长而高亢，音调多激昂，歌的韵在句首不在句尾。一般宴会、节日、婚礼用的和合奏乐器是两弦胡琴、四弦胡琴、箫等。优美的民歌体裁有长、短调之分。长调腔长词少，悠扬嘹亮，流传于牧区；短调则节奏规则，节拍固定，多流传于半农半牧区。

**知识链接** **蒙古族民歌的分类**

蒙古族民歌从内容上，可分为传统仪式歌、赞歌、婚礼歌、日常生活歌和近现代产生的长篇叙事歌等五大类。

从曲调上可分为长调和短调。蒙古族民歌一般以高亢而嘹亮者为多，也有低回婉转的抒情旋律，启口有韵尾声悠扬宽广的长调，在草原最为流行。

蒙古族民歌的内容很丰富，大自然的美丽、劳动生产的欢乐、故乡的情思、慈母的恩情、男女间的爱情、婚礼的喜悦、美好生活祝愿、英雄人物的业绩等，都有在歌声中得到反映，祝酒歌和赞歌在蒙古民歌中占有重要地位。

◀ 蒙古族长调民歌是“草原音乐活化石”

被誉为“草原音乐活化石”的蒙古族长调民歌有着悠久的历史，是草原文化的瑰宝，于2005年11月被联合国教科文组织确立为人类口头和非物质文化遗产，2006年列入第一批国家非物质文化遗产名录。如同蒙古语的地区语言差异，长调民歌也因自然地理、生态环境、生产劳作方式、生活习俗不尽相同而产生风格迥异的地域色彩。

蒙古长调属于流淌在蒙古人生命里的歌，曲调优美，音域宽广，节奏悠长，演唱技法独特，是人类自然和谐之美的曼妙之音。

蒙古族长调以鲜明的游牧文化特征和独特的演唱形式讲述着

**知识链接** **“草原音乐活化石”**蒙古族长调，蒙古语称“乌日图道”，其特点为字少腔长、高亢悠远、舒缓自由，宜于叙事，又长于抒情；歌词一般为上、下各两句，内容绝大多数是描写草原、骏马、骆驼、牛羊、蓝天、白云、江河、湖泊等。蒙古族长调以鲜明的游牧文化特征和独特的演唱形式讲述着蒙古民族对历史文化、人文习俗、道德、哲学和艺术的感悟，所以被称为“草原音乐活化石”。

蒙古民族对历史文化、人文习俗、道德、哲学和艺术的感悟。据考证，在蒙古族形成时期长调民歌就已存在，长调的历史可以追溯到2000年前，13世纪以来的文学作品中已有记载。直至今日，长调仍保留着丰富的不同地域的风格。

2007年10月24日，我国的首颗绕月卫星“嫦娥一号”搭载了三十余首歌曲奔赴太空，其中有一首就是蒙古族长调民歌《富饶辽阔的阿拉善》。

## 震惊世人的草原文化瑰宝呼麦

呼麦是蒙古族特有的一种声乐艺术，2006年被列入第一批国家非物质文化遗产名录。它是演唱者由喉咙发出一个低八度共鸣音的同时，在口腔里又产生另一个上方八度音的哨声，从而形成“潮尔”（泛音）音色的声乐表现形式。

呼麦是蒙古族古老的民族歌唱形式，已有800多年历史，是纯粹利用人的发声器官，同时唱出两个声部，形成罕见的多声部形态，是世界上颇为少见的“喉音艺术”。

20世纪90年代，呼麦的一种形式——带有“哨音”的“高音呼麦”，从蒙古国传入内蒙古后迅速流行。在锡林郭勒草原深处，当地牧民表演名为“潮尔道”的民间艺术，由两人或多人进行演唱，其高声部是著名的长调，而低声部则是一种被称为“潮尔”的中低音伴唱形式。锡林郭勒草原北部世代流传的“潮尔”

呼麦演唱

就是呼麦，确切讲是低音或中音呼麦。

由人鼓气引吭，发出流水声、风声、马蹄声等各种音效，声音似远似近，浑厚迷人，欣赏者可从中品味出草原的广袤与雄浑。

呼麦是蒙古族最典型、最有代表性的文化表现形式。2009年9月30日，被誉为世界音乐界“天籁”的中国蒙古族呼麦，在联合国教科文组织保护非物质文化遗产会议批准的76个非物质文化遗产项目中榜上有名。

知识链接 **世界各地的呼麦** 新疆阿尔泰山蒙古族中流传的“浩林·潮尔”与内蒙古“潮尔道”中的“潮尔”，以及蒙古国的呼麦，是同一种艺术形式。蒙古国把呼麦称为“国宝”，中国将呼麦列为非物质文化遗产，图瓦人则把呼麦视为民族之魂。几乎所有拥有这种传统唱法的国家，都把呼麦的发掘和研究列入国家艺术重点学科。

# 草原音韵马头琴

马头琴是蒙古民族特有的、也是最受喜爱的民族乐器，流传至今已有1300多年的历史。伴随着蒙古族从草原和历史的远处一路走来，其中承载了丰富的历史文化信息。

马头琴

酷爱音乐的蒙古人，十分喜爱马头琴，并把它看作是自己民族音乐文化的一种象征。他们认为马头琴是草原美与音乐艺术美的完美统一，它既有独具特色的草原风韵，又有民族音乐艺术的特色。只有马头琴那低回婉转的旋律，深沉激越的抒情色彩，才

赛马节开幕式上的马头琴演奏

马头琴大师齐·宝力高和他的野马马头琴乐队

能最完美地表现出牧歌般生动的草原美。

马头琴是蒙古民间传统的马擦弦乐器。琴身用木制成，体长约一米左右。音箱木制，一般是梯形，多以马皮蒙面，也有用羊皮蒙面的，琴杆上端左右两侧各安一个弦轴，弦弓以藤条、竹、木杆、马尾做成，琴弦为两束根数不等的马尾。演奏时以马尾弓纳两弦间拉奏，独奏和伴奏均可。有多种演奏法，讲究弓法和指法，演奏风格多种多样，有许多流派。

马头琴不但在一些正式和隆重场合演奏，也出现在民间的婚典、仪典和亲友聚会等日常活动中，既可为歌伴奏亦可独奏曲目。马头琴具有深厚的社会和民俗传统基础，发挥着传播文化、陶冶情操、移风易俗等社会功能。马头琴在蒙古族文化中极受尊崇，已成为蒙古族文化极为重要的表现载体。

## 激越奔放的蒙古舞

蒙古族舞蹈节奏欢快，动作刚劲有力，以抖肩、揉臂、马步最具特色，表现了蒙古族人民淳朴、热情、粗犷的气质。传统舞蹈有《马刀舞》《筷子舞》《安代舞》《盅碗舞》等，当代创作的舞蹈有《鹰》《驯马舞》《奔腾》《挤奶员舞》《鄂尔多斯婚礼舞》

《牧民的喜悦》等。

蒙古族是有着悠久而宝贵的舞蹈文化传统的民族。蒙古族远在氏族部落时代就以歌舞为乐。古代蒙古人的许多重大活动，如推举可汗、缔结部落联盟、庆祝胜利、喜庆丰收，都要举部跳起集体舞来庆贺。

蒙古族舞蹈的种类，分群舞、独舞、男女对舞等。随歌伴舞，舞姿各具特色，展示了草原民族独有的特点。伴奏简单，适合在蒙古包内以及众人围坐的情况下表演，如《摇肩舞》《盅碗

▲ 蒙古舞表演

◄ 盅碗舞

舞》等，近年来还编排了一些大型集体舞蹈。盛世中国为蒙古歌舞的发展提供了广阔舞台，在保留传统歌舞的同时，还融入了现代歌舞的精髓。

知识链接 **安代舞** 流行于内蒙古通辽地区以及辽宁阜新蒙古族自治县和吉林前郭尔罗斯蒙古族自治县等地区。由古代“踏歌顿足”、“连臂而舞”、“绕树而舞”等集体舞形式演变而来。其最初产生时有驱除病魔、祈求上天保佑的含义，与萨满教有密切关系。

传统的安代舞没有器乐伴奏，舞者随歌而舞，歌曲节奏鲜明，舞蹈动作简单。草原上流行的安代舞很多，有“阿达安代”、“乌如嘎安代”、“文安代”、“武安代”、“大安代”、“小安代”、“祈雨安代”等。安代舞渗透到蒙古民族生活的方方面面，潜移默化地影响着人们的生产生活。结婚生子跳安代、祈雨驱病跳安代、逢年过节跳安代、喜庆丰收跳安代。随着安代舞的舞台化，其影响也逐渐扩大。安代舞具有浓郁的民族特色和“癫狂之舞”的鲜明特点，是蒙古族宗教仪礼和那达慕上最受欢迎的“万众狂欢舞”，一人领唱众人应和。据史料记载，单场安代最长持续时间竟达40多天，其规模之大，参与人数之多，堪称中国民间舞之最。

敖包节上表演安代舞

# 说唱艺术乌力格尔与好来宝

乌力格尔，蒙古语意为“说书”，是蒙古族的一种曲艺形式，主要流传于内蒙古自治区及东北各省蒙古族聚居区。因为采用蒙古族语言表演，以四胡（也叫四弦琴）为伴奏乐器，所以又叫“蒙古族琴书”，是古老的蒙古族传统民间说唱艺术形式之一。

乌力格尔说书艺术表演

乌力格尔是说唱艺术，一人一把琴，说唱一个故事，既可以在剧中表演或参与大型演出，又可以在单门独户或田间、草原等地演出。与草原上的蒙古族群众生活习性一致，这种艺术具有浪漫开阔的气息。

知识链接 **“胡尔沁”** 草原上，说唱乌力格尔的艺人被称为“胡尔沁”。“胡尔沁”身背四弦琴，在大草原上漂泊，一人一琴，自拉自唱，也常常即兴表演，只要给出个题目，“胡尔沁”便能出口成章。形式以讲述为主，乐器以马头琴、四胡为主。

乌力格尔的节目形式包括短篇、中篇和长篇，尤其以长篇最受欢迎。《降服蟒古斯》《江格尔》《忽必烈汗》《青史演义》《三国演义》都是其中的经典。乌力格尔题材来源极广，有的来自民

胡尔沁说书表演

间故事；有的或改编自汉族历史小说、戏曲等；有的则取材于中国民间耳熟能详的传说。

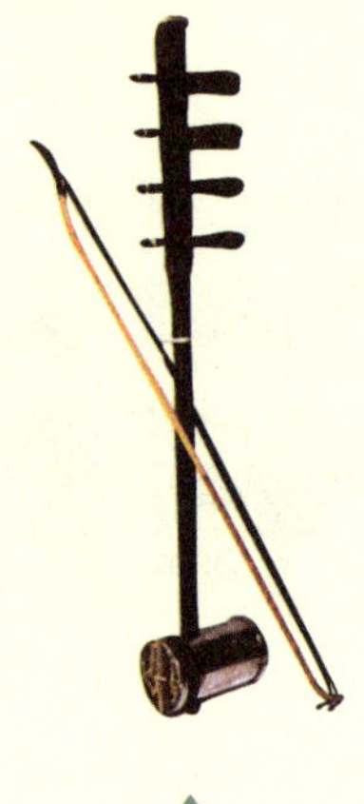

▲

四胡

2006年，乌力格尔艺术被列入第一批国家非物质文化遗产名录。

好来宝，蒙古语“联韵”的意思，是民间艺人自拉自唱、即兴创作的艺术形式，也是蒙古族传统的群众性文化娱乐活动之一。唱词多四句一小节，讲究押韵，即每四句的头一个音节谐韵。曲调淳朴无华，明快流畅，多用叠句，所以听起来似小溪流水，铮铮淙淙，连绵不断，韵味幽雅，悦耳怡心。伴奏乐器主要是四胡。

好来宝是蒙古民间独特的曲艺形式，是一种说唱艺术。它有固定的曲调和唱词。一般是两人拉着四胡对唱或一人自问自答。说唱演员不但能拉会唱，而且有触景生情的灵感，有随编随唱的本领。好来宝形式活泼，语言生动，曲调优美，富有浓郁的乡土气息和民族韵味。

# 艺术奇葩阜新蒙古剧

1984年，经国务院批准，阜新蒙古剧成为中国第九个少数民族剧种。20年前，中国戏曲编委会认定阜新蒙古剧是中国新兴的少数民族剧种，将其写进了《中国戏曲志》。

阜新蒙古剧是在阜新蒙古贞短调民歌（与草原长调民族相区别）基础上产生的，是蒙古民族的歌、舞、扮、诗、骑、射的综

蒙古剧《乌云其其格》剧照 ▶

合艺术。在新中国成立之初，阜新地区就形成了蒙古剧的雏形。

蒙古贞自古就有“歌的海洋”之美誉，传说三人同行二人是“达古沁”（歌手）一人是“胡尔沁”（说书艺人），这是蒙古剧产生于阜新蒙古贞的重要条件之一。20世纪50年代，人们把民歌体裁搬上了舞台，先后排演了《桃儿》《嘎达梅林》《达那巴拉》等剧目。这时的剧中音乐主要是引用一种民歌原曲调，无论全剧多少唱段都重复一个曲子，无旋律变化，无节奏对比。20世纪60年代出现了新的剧目《兴格尔扎布》《乌云其其格》等。表演形式较前有所改进，内容复杂，情节多变。曲调也有了变化，不限于一个曲目的运用。

阜新蒙古剧的历史与文化源远流长，如同一颗璀璨的明珠，以独特的蒙古族风格，丰富了我国的戏剧艺术宝库。

# 民间文学的传统体裁祝赞词

祝词和赞词都是蒙古族古代民间诗歌的一种，也可译作颂歌和赞歌，包括各种仪式歌。它源远流长，对蒙古族民间文学有深远的影响。

祝词、赞词之间既有密切联系，又有一些细微差别。祝词是献给神和祖辈的口头颂歌，包括人们对天神、地神、山神、河伯、火神、狩猎神以及牲畜保护神等的祭祀，或对英雄好汉及优胜者的赞歌，或是长者对青年一代的祝福。赞词主要是赞美景物的，充满蒙古人对一切美好事物，对自己的劳动成果的喜悦和赞赏的感情。如对家乡的山川土地，对新建的房屋，对优胜的骏马，以及对相互赠送的礼品，都进行赞颂。

牧民感恩长生天和圣祖

**知识链接** **《祭火神之歌》**

永存的敖包上，燃起了向上腾飞的火，
燃烧吧，永生的火，有火啊，就有生活。
疾病和灾难会焚成灰烬哟，火焰烧的是恶魔。
把心中的祈祷念出来吧，但愿过上似火的生活。

英雄史诗《江格尔》中的马赞、英雄赞,《蒙古秘史》《青史演义》《蒙古黄金史》中民间诗人、歌手的大量精彩的赞词浩如烟海、脍炙人口。

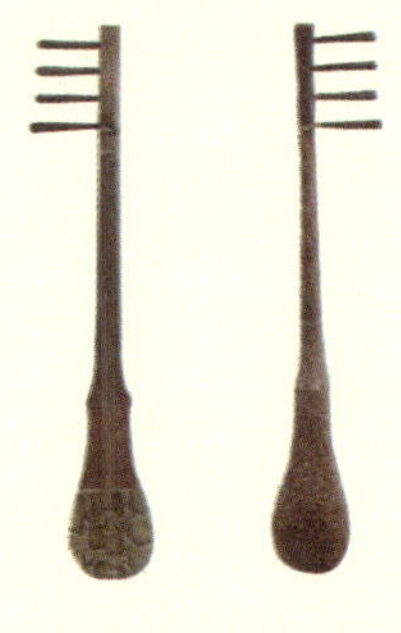

▲

火不思

祝词、赞词作为文学作品,艺术上颇具特色。祝词、赞词大都是即兴式的口头赞美诗;祝词、赞词多运用比喻的手法,语言凝练,音韵铿锵;有的祝词、赞词采用重叠复沓的形式,但有的祝词、赞词却一气呵成,长短不拘,流利酣畅;民歌是要歌唱的,祝词、赞词是要吟诵的,因此要特别讲究语言对仗,抑扬顿挫。

## 蒙古族传统乐器

蒙古族在唱歌、跳舞、说唱等文化娱乐活动中,一般都有乐器伴奏,而且其历史也悠久。远在蒙古汗国时期,蒙古军队中除有由筝等乐器组成的乐队外,还有“女乐随行”。蒙古族的传统乐器有四胡、三弦、笛子、火不思、马头琴以及各种打击乐器。

千人四弦胡表演 ▶

蒙古族传统乐器，除马头琴，主要还有雅托噶——蒙古筝、蒙古琵琶、蒙古四弦琴以及蒙古大鼓等。

## 蒙古族搏克

蒙古族搏克已有近两千年的历史，西汉初期开始盛行，元代广泛开展，至清代得到空前发展，现在蒙古族聚居区都有流行。

搏克运动的比赛形式古朴而庄重。按蒙古族传统要求，参赛选手上身穿牛皮或帆布制成的“卓得戈”（紧身半袖坎肩），裸臂盖背，“卓得戈”边沿镶有铜钉或银钉，后背中间有圆形的银镜或“吉祥”之类字样，腰间系用红、蓝、黄三色绸子做的“策日布格”（围裙），下身穿用32尺或16尺白布做成的肥大的裤子，裤子外套一条绣有各种动物或花卉图案的套裤，脚蹬蒙古靴或马靴。优胜者脖颈上佩戴五色彩绸制成的“姜嘎”（项圈），它是搏克手获胜次数多少的标志，获胜次数越多，“姜嘎”上的五色彩绸条也越多。

▲

蒙古族搏克展示力与美

**搏克沁** 摔跤手的蒙古语叫“搏克沁”。搏克沁多是身材魁梧的小伙子，有时也会特邀女摔跤手、小摔跤手比赛。

## 蒙古象棋

蒙古象棋类似国际象棋，由棋盘和棋子组成，棋盘有深浅两色间隔排列的64个小方块，棋子共32枚，双方各16枚，有诺颜（王爷）、哈屯（王后）各1枚，哈萨嘎（车）、骆驼、马各2枚，

蒙古族骑马人棋子

厚乌（儿子）各8枚。对弈时白格先走，以后双方轮流走一着，吃掉对方的棋子，由原停的一格“王车易位”，“吃掉路兵”，“兵的升格”都算走一着，双方任何一个“厚乌”到达对方最末一格时，都可变成自己一方的被吃掉的任何一个棋子。

玩蒙古象棋，不能吃掉对方的“乌努钦厚乌”（孤儿）。“王”被对方将死，就算输棋，双方均剩“王”或双方只剩同色格的单骆驼算和棋。

## 圣坛敖包

敖包是草原神圣之所在，是牧人同苍天对话的地方，是蒙古族的民族特征。

敖包形状各异，有石块堆砌的石敖包、沙柳敖包、沙蒿敖包、草皮敖包、沙丘敖包、岌岌敖包、砖砌敖包等。这些敖包均呈圆锥形状。数量方面，有单体的，有双座的，有组合的。敖包组合，有三个一组的，意含天、地、人；有七个一组的，代表七

著名的十三敖包（部分）

曜，即日、月、火、水、木、金、土；还有十三个一组的，引佛教之意，一个大敖包，为须弥山，十二个小敖包，象征十二部州，这十三个一组的敖包，也有称为“十三英雄”的，也有称为“胡日呼敖包”（胡日呼，蒙古语，“集会”的意思）。

## 独具风采的蒙古骏马

蒙古马

蒙古族是马背上的民族，他们视马为最神圣的牲畜，就像离不开太阳和月亮一样，离不开马。牧民与马相依为命的历史源远流长。他们虔诚供奉的是“玛尼宏”旗帜上的九匹神马图，把马作为终身最亲密的伙伴。他们把观看赛马作为草原上最欢乐的体育比赛，把马头琴演奏作为最动听的音乐。

马是神圣无比的，在蒙古族民间还流传着许许多多的关于马的歌、赞词、祝词和有趣的故事等。

蒙古马是中国乃至世界较为古老的马种之一，主要产于内蒙古草原，是典型的草原马种。蒙古马体格不大，平均体高120～135厘米，体重267～370千克。身躯粗壮，四肢坚实有力，体质粗糙结实，头大额宽，胸廓深长，腿短，关节牢固，肌腱发达。

**知识链接** **《骏马赞》**

在那金色的世界上，你荡起的一缕烟尘，
就像浩渺的天空下，升起了长长的彩虹。
你跑到哪里，哪里就留下芳名。
你让谁人骑乘，他就能百战百胜。
你像是主人家里万世不朽的金果，
你像是英雄身边永远牢固的银镫。
你的骑士长生不老，你的畜群繁衍无尽。
跨在你背上的主人哟，永远幸福安康。

赛马

被毛浓密，毛色复杂。蒙古马耐劳，不畏寒冷，能适应极粗放的饲养管理，生命力极强，能够在艰苦恶劣的条件下生存。经过调驯的蒙古马，在战场上不惊不诈，勇猛无比，历来是蒙古人最爱用的军马。

▲

雕花的马鞍

蒙古人爱马如子，他们与马朝夕做伴，结下了不解之缘。

## 草原之舟勒勒车

勒勒车又名大辘轳车、罗罗车等。“勒勒”原是牧民吆喝牲口的声音。勒勒车因常以牛拉动，故也叫蒙古式牛车。勒勒车是为适应北方草原的自然环境和蒙古族生活习惯而制造的交通工具。

勒勒车通常以草原上常见的桦木制作，双轮轮高4米多。其特点是车轮大车身小，结构简单，使用方便，适于草地、雪地、沼泽和沙漠地带运行，载重数百斤乃至千斤，用牛拉、马拉、骆驼拉都行。牧民们拉水、拉牛粪、转场搬家、运送燃料及婚丧嫁娶，运输生活日用品、赶那达慕大会等多离不开它。首尾串联，一人可驾驭三五辆，甚至十余辆，故有“草原列车”之称。新中国成立后，逐渐改用轴承胶皮铁轮。过去，勒勒车是牧民必备的家当。

勒勒车

▼

由于游牧民族擅长骑马征战，军民合为一体，而勒勒车在雪地和深草中行走迅速，因而时常作为战车在战

知识链接 **勒勒车的起源** 勒勒车有记载的起源可上溯到《汉书》所记载的“辕辐”。南北朝时期，鲜卑、柔然、铁勒（又叫敕勒）等族，造车技术已经相当高超。北朝时的铁勒人就以造车闻名，他们造的车“车轮高大，辐数至多”（《汉书》），很适应草原环境，正因为如此，被史书上称为“高车人”。辽代，蒙古族造车技术已经很发达，并且广泛用于游牧生活中。

争中效力。在平时生产生活中，勒勒车主要用于拉水、运送燃料、转场迁居时，装载蒙古包和其他生活用具和用品。

从秦汉到20世纪七八十年代的两千余年中，勒勒车一直是草原牧人最重要的交通运输工具，有“草原之舟”美誉，是牧民流动的家。

2006年5月20日，蒙古族勒勒车制作技艺经国务院批准列入第一批国家级非物质文化遗产名录。

▲ 成吉思汗陵前

## 战无不胜的灵旗苏勒德

苏勒德是一只大纛，它象征着长生天赐予成吉思汗的佑助大业成功的神物，是成吉思汗统率的蒙古军队的战旗和蒙古民族的守护神，是成吉思汗竖起的战无不胜的灵旗，是草原帝国伟业的特定标志，是蒙古族的精神之旗，是蒙古民族不屈精神的象征。

◀ 苏勒德

苏勒德是一个有形的圣物，它是一柄类似于古代兵器的矛状物，特殊的是矛身底座的銎部形成一个圆盘，盘沿一周有81个穿孔，绑扎着马鬃作为垂缨，然后固定在松柏杆上冲天而立于石头龟座之上，显示着神圣的威严之势。

知识链接 **关于苏勒德的传说** 相传成吉思汗曾被围困在一个叫千棵树的地方，正在危急时刻，他翻身下马把马鞍倒扣在地上，向着苍天大喊：“长生天父亲啊，请救救你的儿子吧。”话音一落，从天上落下了长矛一样的东西。木华黎要从树上取下来，但他三次都没有成功，成吉思汗恍然大悟，他亲自踩在马背上，取下了这个东西。从此，成吉思汗举着这个长矛，长矛指向哪里，哪里就奏响了凯歌。它成了成吉思汗所向披靡的旗徽，又是太平无事的吉祥物。蒙古族在每年阴历三月十七日，都要举行隆重的仪式，借以表达对成吉思汗的敬仰，缅怀成吉思汗的丰功伟绩。

# 第六章
# 文化巨人尹湛纳希

持弓而无敌天下者，是成吉思汗；把笔以言青史之人，是尹湛纳希！

神鞭——神笔，同属声震天下的黄金家族。

集蒙古族文学开创者与蒙汉文化交流先驱者于一身的尹湛纳希是蒙古族文学巨匠，是世界文化名人。

修复后的尹湛纳希家庙惠宁寺

他耸立起一座高峰，让世人仰望；他存活在一个时代，却超越了那个时代。尹湛纳希是一位伟大的思想家、文学家、史学家。

他以《一层楼》《泣红亭》《青史演义》等文学巨著，奠定了自己在民族文学发展史和中国近代文学史乃至世界文学史上的重要历史地位，蒙古族文学创作自他发端。

## 忠信府第七公子

根在草原，尹湛纳希是成吉思汗黄金家族第二十八代嫡孙。心系黄土地，尹湛纳希出生于内蒙古卓索图盟土默特右旗（今辽宁省北票市下府蒙古族乡）一个世袭台吉家庭。尹湛纳希，乳名哈斯朝鲁，汉名宝衡山，字润亭。生于1837年5月20日，即道光十七年四月十六日。

尹湛纳希的家庭被称为忠信府，世袭四等台吉，以“忠孝传世钟鸣鼎食之家，武义勤尚书画千载之户”而闻名。尹湛纳希因排行第七，亦被称作七公子。忠信府在道木图山下的二水大凌河与牤牛河交汇处，所在地属于卓索图盟土默特右旗，系漠南蒙古地区。

尹湛纳希画像

尹湛纳希从小习读诗文，舞剑习武，饱读经史，较早地表现出了文学天赋，写过不少诗文。尹湛纳希5岁时，父亲旺钦巴勒就让他背诵家谱，那是一份以成吉思汗为始祖的家谱。尹湛纳希10岁时，作诗《白云》。

**知识链接** **《白云》** 远山白云起/翻卷上青宇/合展分离去/聚散不由己/赤日烈焰烤/断裂任风吹/瞬间会苍龙/顿作甘霖雨

尹湛纳希青年时代，过的是“茗茶一杯，古书一部，淡饮深论”的悠闲生活，以文会友，饮酒赋诗，谈古论今。他攻读经史典籍，熟读《红楼梦》《水浒传》《三国演义》等古典文学名著，游历内蒙古一些盟旗和国内许多名胜之地，到北京、杭州等地考察风俗民情。

尹湛纳希的生活时代，中国经历了1840年的鸦片战争和1850年太平天国等巨大社会变革，他本人经历了贵族家庭由盛到衰的家道变迁。即使是贫病交加、流落异乡的晚年，尹湛纳希也始终笔耕不辍。

1892年2月25日（光绪十八年正月二十七），尹湛纳希在贫困潦倒中病逝于锦州药王庙，享年五十六岁。

▲

青灯黄卷

# 经典之作

尹湛纳希的文学巨著有《青史演义》《一层楼》《泣红亭》等，他被称为蒙古族的曹雪芹。他还有大量的诗歌、散文和杂文，作品继承和发扬了蒙古族文化艺术传统，同时又吸收了汉族古典文学的精髓，是蒙古族思想史上的珍贵遗产。

## 神笔浩歌——《青史演义》

《青史演义》是尹湛纳希的代表作，成书于1830—1891年，前后经历了60年的时间。最初是其父旺钦巴勒撰写，写到第8回，道光二十年（1840）因英寇入侵，旺钦巴勒率兵出征而搁置。尹湛纳希从1870年开始续写到120回，现存69回。

千秋历史问笔墨，无尽往事寻史书；

笔者枉费心和血，不知后人如何解。

《青史演义》是一部演义体历史小说，真实地反映了成吉思汗时期的蒙古社会历史、民俗风情，着重表现了成吉思汗的雄才大略和文治武功，塑造了一批栩栩如生的蒙古族英雄人物，是一部可以反复阅读、意味深长的旷世之作。是19世纪蒙古族文学一部气魄宏大的史诗性文学巨著，在国内外享有很高的声望，早在19世纪末就已经进入了圣彼得堡国家图书馆，俄译本和英译本也早已出现在国外。

尹湛纳希画作《梅雀图》

尹湛纳希勤奋而细密，达到熔铸古人、用词神妙的地步，然后纵笔为文，如有神助。在客观的历史情势和真实的历史人物的思想与性格的交互影响下，尹湛纳希通过对真实的历史事件的具象化和人物的交相融合，完成了对成吉思汗的历史的艺术创造。

“承天启运的英武皇帝成吉思汗降生于世，他像闪电飞箭一般迅猛成长，从十三岁开始带兵打仗，替其父报仇，转战南北，历经艰难险阻，受尽寒热之苦，然而毫不畏惧，亲自讨伐四色五方之地，令其交税纳贡，开创了大元天下。”

尹湛纳希在创作过程中，使《青史演义》基本框架建构在坚实的史学基础上，把历史事件的展示性叙述与品评性叙述交替使用，从而使得事件在叙述时间的转化中，在展示与品评的双重叙述功能中被铺排开来，不仅获得了线型的过程性完成，而且获得了纵深的意蕴性揭示。

《青史演义》足以作为蒙古民族的教科书。

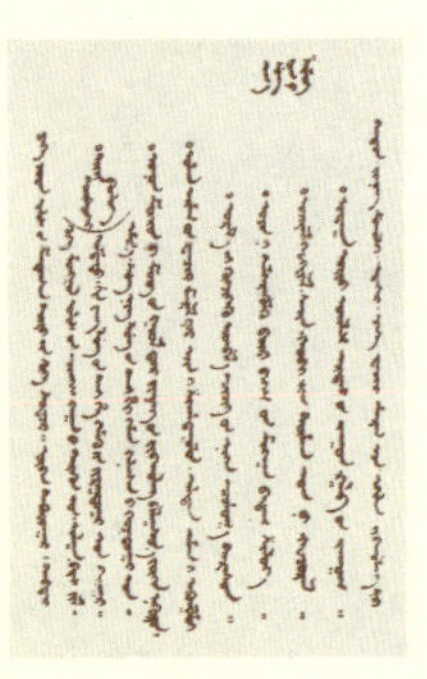

尹湛纳希手迹

## 《一层楼》与《泣红亭》

《一层楼》与《泣红亭》是故事、情节相互衔接的姊妹篇，尹湛纳希像曹雪芹写贾府一样，写了贲府及贲府悲欢离合的故事。是蒙古文学中首先脱离对民间传说和历史故事的依附，以现实生活为题材的现实主义作品，在蒙古族文学史上占有重要地位。

《一层楼》的故事情节，是璞玉和炉梅、琴默、圣茹三位少女的爱情悲剧。尹湛纳希在这部作品中，不仅描写了青年人的纯真爱情如何遭到了封建制度的无情摧残和破坏，而且反映了挣扎在封建制度下贫苦农民的痛苦生活和呻吟，以及在封建科举制度下穷困潦倒的知识分子的悲惨命运，批判的笔锋指向清王朝的政体。这部小说结构庞大，情节严密曲折。

天缘多情聚一家，钟情却若愁无涯。
回头虽缀此情意，安禁情泪万滴洒。

《一层楼》共计三十二回，《泣红亭》共计二十回。在创作时间方面，前后间隔近十年。在《泣红亭》中，小说沿着璞玉、炉梅、琴默、圣如的爱情线索，着力描写他们的爱情遭遇和他们的生命历程及情感历程，同时也展示了广阔的社会背景。尹湛纳希诗曰：

虚话三十篇，泪光照心弦，
痴语人每笑，惆怅有谁怜。

在“爱情”这个永恒的主题里，尹湛纳希以个人经历和忠信府往事为基本素材，深刻形象地反映出卓索图盟一带蒙古族社会现实生活，扑朔迷离地透露出忠信府两代人悲欢离合的爱情故事。

尹湛纳希塑像

“更攀楼上楼之一层楼，怎脱梦中梦之一场？为唤醒深春之红颜，发苍林黄鹂之啼声。”就在这一个又一个曲折的故事里，尹湛纳希以生花妙笔，把一个个人物写得委婉动人，哀怨感人。

在文学灿烂的星空中，尹湛纳希堪称一颗恒星。他写下的每一部、每一篇都不容忽视。从《双鹃记》到《红云泪》，由《一层楼》到《泣红亭》，更有《青史演义》……源于真情，止于智慧，作品闪烁着光彩。

## 民族文化交流的先驱者

心系各民族，身负苍生忧。尹湛纳希精通蒙古、汉、藏、梵四种语言文字，翻译了《红楼梦》等大量的古典名著，为蒙汉文化交流及各族文化沟通做出了卓越贡献。

尹湛纳希的《红楼梦译稿》流传于世，今收藏于内蒙古社会科学院图书馆。他还在其六兄嵩威丹精译作的基础上，对《通鉴纲目》进行了认真的核对翻译。

尹湛纳希主张“把蒙古小说译成汉文时，应该注意汉语的特点，多音节的蒙古地名、人名可以适当压缩，力求合乎汉人的发音习惯；将汉诗译成蒙文时，要忠于汉文的原意，选择词汇一定要做到准确，同时，也要注意音调的和谐。文学语言应以和谐为首”。(《青史演义》蒙文本要目之六)

尹湛纳希不仅是蒙古文学的开创者，同时也是一位伟大的民族文化交流的先驱者。

## 一门父子五作家

尹湛纳希以卓越的创作实践和辉煌的创作成就，奠定了自己在民族文学发展史和中国近代文学史上的重要历史地位，他的父兄也各有建树。当时流传“江南有三苏，漠南有五宝”之说。三苏是苏洵、苏轼、苏辙父子；五宝则是旺钦巴勒、古拉兰萨、贡纳楚克、嵩威丹精、尹湛纳希父子。

尹湛纳希的父亲旺钦巴勒

尹湛纳希的父亲旺钦巴勒文武兼备，为成吉思汗第二十七代世孙，是一位爱国将领，鸦片战争期间，曾率领蒙古骑兵英勇抗击英侵略者。旺钦巴勒同时还是一位学养丰厚的史学家，是当时漠南一带最大的藏书家，曾撰写《青史演义》前八回。

尹湛纳希长兄古拉兰萨，对蒙汉古代文化的造诣很深，具有渊博的民族文化知识，他吸收汉族古典诗词精华，开创了蒙古族诗歌的新形式。他的诗歌，多为八行成篇，讲究对仗，四行为节，将押头韵的蒙古族诗歌的传统形式加以发展，头尾并韵，一韵到底。

古拉兰萨在《祝灭寇班师还》诗中写道：“英寇狂暴侵海边/敕令我父扫狼烟/将士云集晓恩义/旗丁纷聚效忠贤/赐宴中山英业

振/飞渡凌河皇恩绵/旌旗空凌蔽日月/剑戟挥舞天地炫/出师时值仲夏月/何当安然得凯旋/捷报平虏北还时/叩迎父师共狂欢。”具有铁马金戈鼓角齐鸣的壮观，天风浩荡海涛波涌的气势。这首诗写在鸦片战争爆发之后，其父旺钦巴勒统领本旗蒙古骑兵开赴前线抵御外寇之时，古拉兰萨赋诗表示热烈赞颂壮举，并表达渴望胜利班师归来的热望。

这样的一家父子五人是作家、诗人，不仅在蒙古族文学史上没有，即使在中华民族文学史乃至世界文学史上，也属罕见。

## 别有奇功垂史册

声名远播，影响深广。尹湛纳希的作品在蒙古族地区广为传诵，流传多个版本及一些手抄本。这位文学巨匠的作品，即使在今天看来，也有其勃勃的生命力，并跨越国界，蒙古国、德国、法国、日本、韩国、俄罗斯等许多国家的学者都在研究尹湛纳希，并有学术成果发布，出现了多名这方面的研究员和博士。

2007年由辽宁民族出版社出版的《尹湛纳希全集》（蒙古文版）

尹湛纳希在短暂而有限的人生中，将他全部的个性精神与才华胆略尽注于他的文学世界、哲学世界、艺术世界里。尽管时空暌隔，富有审美心性的人，仍然可以“听”到他无比深沉、余韵回荡的文化心语。

一个拥有文化“英雄”的民族，是光荣的民族……

为纪念这位伟大的文学家，在尹湛纳希的故乡辽宁北票建立了纪念馆。

知识链接 **尹湛纳希纪念馆** 坐落于辽宁北票下府，1986年10月21日举行开馆典礼，国家副主席乌兰夫题写了馆名，布赫、洛布桑等分别用蒙、汉文题词。

全国人大原副委员长布赫的题词是：

蒙古民族文学巨匠　蒙汉文化交流先驱

# 第七章 神奇蒙医药与自然科学

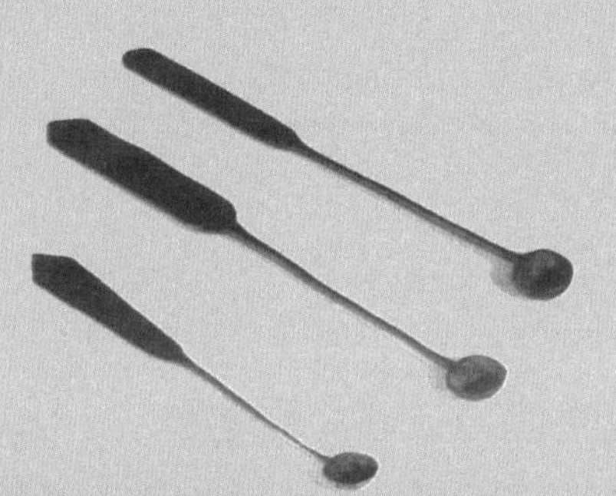

不仅骁勇无敌，而且聪明智慧。蒙古族在科学技术、天文历算、医学等各领域都卓有建树，其中的蒙医药学，在蒙古族繁衍生息的过程中发挥了巨大作用。作为祖国传统医学宝库中的灿烂明珠，为祖国医药学发展做出了不可磨灭的贡献。

▲

蒙医药褡子

蒙医药学历史悠久，对许多常见病、多发病、疑难病有独特疗效，是蒙古族人民同疾病做斗争的经验总结和智慧结晶，是蒙古族在长期的医疗实践中逐渐形成与发展起来的传统医学。蒙医药学具有鲜明的民族特色、地域特点和独特的理论体系、临床特点，为各民族人民的繁衍昌盛做出了贡献，是中华民族的宝贵文化遗产。

## 神奇的蒙医药

自古以来，蒙古民族的游牧和狩猎生活，连年累月同寒冷、潮湿、风雪做斗争，战伤、摔伤等各种外伤也时有发生，这就促使他们不断摸索治疗这些疾病的方法，而辽阔的草原和茂盛的森林中又生长着丰富多样的植物，其中有许多是药用植物，智慧的蒙古族人民在治疗骨折等外伤疾病的过程中，逐渐积累了调理寒热、治疗疾病的经验，形成了具有初步基础理论与实践经验的古代蒙医药。加之吸收了藏医、中医学和古印度医学的基础理论和医疗经验，蒙医药发展成为独具特色的医学理论体系，成为魅力大草原孕育的奇葩。

生命树

▼

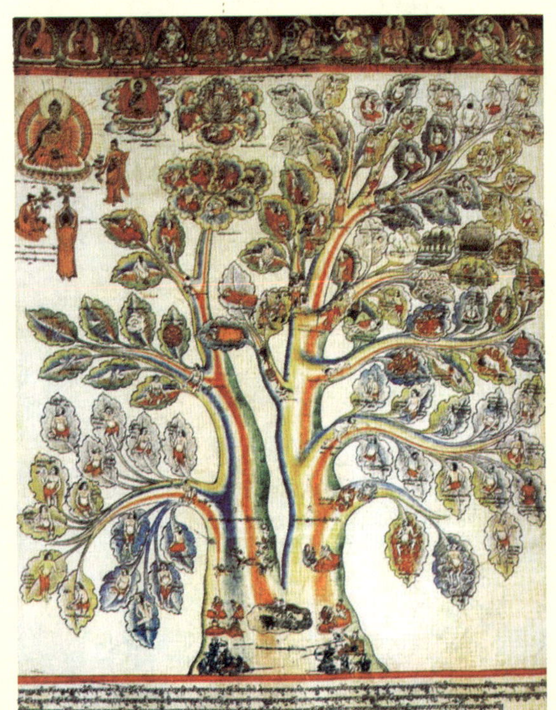

在蒙古族历史上，涌现出许多优秀的蒙医药学家和著名的蒙药典籍，其中较有影响的有18世纪的伊希巴拉吉尔的《西勒嘎日·莫隆》（《识药晶鉴》）是蒙药的奠基篇，收载蒙药390种。同时代的察哈尔镶白旗的洛布桑·索勒日哈木著有《曼奥·西吉德》（《药物识别》），

**知识链接** **金元四大家** 金元四大家或称金元四家，是指中国古代金元时期的四大医学流派。即刘完素的火说、张从正的正邪说、李东垣的脾胃说和朱震亨的养阴说。

全书分为四部，共收集药物678种。19世纪初，占布拉·道尔吉用藏文编著了《李斯尔·米格金》(《本草图鉴》)，收载蒙药879种，这些都成为今天学习和研究蒙药的主要经典。

# 蒙药的悠久历史

蒙药历史悠久，在史料中记载着蒙古地区的特产药物肉苁蓉，在六百多年前拉施特所著的《史集》中曾经记载，成吉思汗以前居住在鄂毕河上游森林里的兀剌速惕、帖良古惕和客思迪迷这些部落熟悉蒙古药剂，并用蒙古药剂治愈了患病的人。

元代时期，随着国内各兄弟民族间经济文化的广泛交流，欧、亚两洲各国之间的频繁交往，蒙医药也进入了一个新的发展时期。药物方剂方面的知识也进一步得到了发展和丰富。蒙古草原的特产肉苁蓉等药物也传到内地和国外，内地和国外的一些药物也进入了蒙古地区。各地药物的广泛交流，丰富了蒙药学、方剂学的内容。

16世纪以后，随着经济文化的发展，传统的古代蒙医药也有了进一步的发展和提高。出现了如《方海》《甘露四部》《蒙药正典》等药学专著。

**知识链接** **蒙医药学三大经典著作** 占布拉·道尔吉编著的《蒙药正典》，伊希巴拉吉尔的《甘露四部》和敏如尔·占布拉却吉丹增璞仁来的《方海》，并列为蒙医药学三大经典著作。

蒙药皮囊

新中国成立以后，在党的民族政策和民族医药政策指导下，蒙医药具有重要的地位，并跨入新中国高等教育行列。有多所医学院设立了蒙医专业，并建立了蒙医学院，从此有了培养蒙医药高级人才的基地。并制定了《内蒙古蒙药材标准》《内蒙古蒙成药标准》，编写出版了《中国医学百科全书·蒙医分卷》，部分蒙药也被编入《中国药典》(1990版)中，从而保证了用药的质量和疗效。蒙医药专业用统编教材，使高等蒙医药教学步入了科学化、规范化、标准化的轨道，同时也促进了蒙医药学知识理论化、系统化的进程。

## 历史名著《饮膳正要》

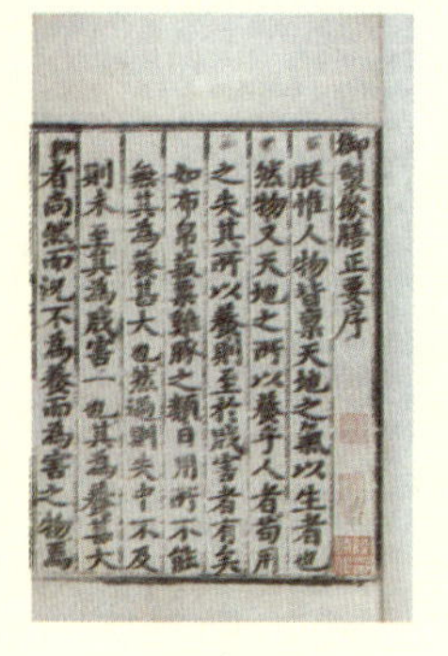

御製飲膳正要序
朕惟人物皆稟天地之氣以生者也
然物又天地之所以養乎人者苟用
之失其所以養則至於戕害者有矣
如布帛菽粟雞豚之類日用所不能
無其為養甚大也然過則失中不及
則未至其為戕害一也其為養甚大
者尚然而況不為養而為害之物焉

《饮膳正要》

《饮膳正要》，是中国历史上最早的一部营养学专著，是较早、较集中收录蒙药方剂（特别是验方）的一部先驱性医药学著作。

《饮膳正要》为元朝太医忽思慧所撰，成书于元朝天历三年(1330)。全书共三卷。卷一是禁忌，聚珍品撰。卷二是汤煎、食疗诸病及食物相反中毒等。卷三是米谷品、兽品、禽品、鱼品、果菜品和料物等。

该书记载药膳方和食疗方非常丰富，特别注重阐述各种饮膳的性味与滋补作用，并有妊娠食忌、乳母食忌、饮酒避忌等内容。是从健康人的实际饮食需要出发，以正常人膳食标准立论，制定了一套饮食卫生法则。书中还具体阐发了饮食卫生，营养疗法，乃至食物中毒的防治等。附录版画二十余幅，文图并茂，为我国现存第一部完整的饮食卫生和食疗专书，也是一部颇有价值的古代食谱。

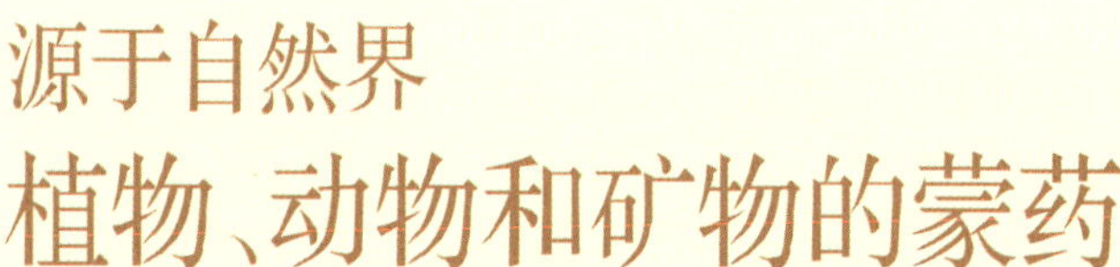

## 源于自然界 植物、动物和矿物的蒙药

蒙药种类繁多，资源丰富，分布广泛，为蒙医所常用，主要来源于自然界的植物、动物和矿物，且以植物药为主。

据有关文献资料，目前蒙药的品种已多达2230种，较为常用的蒙药为1342种。其中植物类926种、动物类290种、矿物类98种、其他类28种；常用蒙药有500余种，商品蒙药约400种，还有民族专用药260种。仅内蒙古自治区制定的《蒙药标准》收载药材和成药就有522种。这些传统蒙药被沿用至今，疗效确切而可靠，久用而不衰。

现代蒙医药，发展速度很快。据统计，除了内蒙古自治区外，辽宁等我国东北和西北的许多蒙古族聚集地也都普遍使用蒙药。

用来取蒙药的铜药勺

还有许多药材为蒙医和中医所共用，习称“中蒙药交叉品种”；蒙医和藏医共用的，习称“蒙藏交叉品种”。

蒙药药物方剂理论主要内容包括：五元、六味、药力、药性、药物等功能。

我国很重视医药的规范化工作，1970—1972年，在普查内蒙古药物资源的基础上，出版了蒙汉文《内蒙古中草药》两部。1972—1977年，在较全面地调研、考证蒙药材的基础上，制定了部分蒙药材、蒙成药国家标准，蒙药首次编入《中华人民共和国药典》。

# 神奇蒙医及特色疗法

蒙医在诊治疾病中具有药量少、疗效好、经济实惠等特点。

蒙医以“赫依”、“希拉”、“巴达干”三根的关系来解释人体的生理、病理现象。所谓“赫依”，是指各种生理功能的动力。凡是思维、语言、动作及各脏器的功能活动，都受它支配。如果“赫依”功能失常，则会导致脏腑功能减弱，表现为神志异常、失眠、健忘等。“希拉”有火热之意。机体的体温、各组织器官的热能及精神的振奋等都是“希拉”在发挥作用。“希拉”偏盛，就会发生各种温热病，如口苦、吐酸、神情狂躁等表现。“巴达干”是指体内

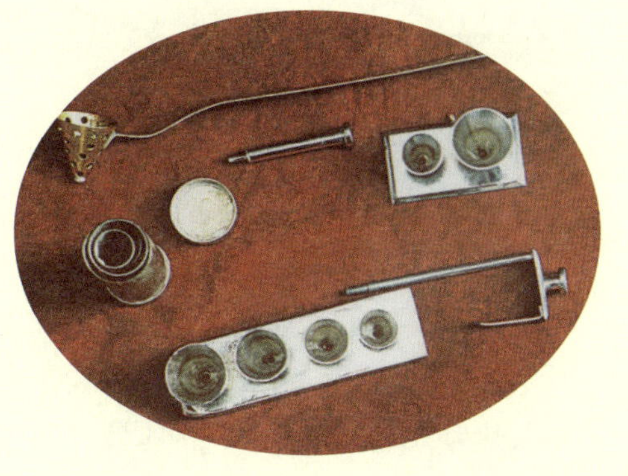

喇嘛大夫所用的医疗器具

知识链接 **酸马奶疗法** 蒙古民族的一种传统的饮食疗法。具有强身、治疗各种疾病的功效，尤其对伤后休克、胸闷、心间区疼痛，疗效显著。

据研究，酸马奶中有多种有益于身体的有效成分，如糖、蛋白质、脂肪、维生素等，特别是维生素C含量较大，还有氨基酸、乳酸、酶、矿物质以及芳香性物质和微量元素。

蛇头状放血器

的一种黏液状物质，具有寒性的特征。“巴达干”的功能失调，除了表现为一般寒性征象外，还易导致水液的停滞不化而出现各种分泌物增多的现象。

蒙医特色疗法主要有放血疗法、拔罐、穿刺法、灸疗术、酸马奶疗法等。

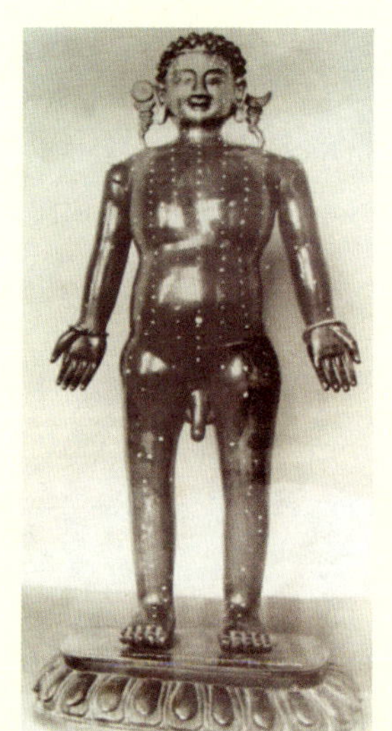

蒙医针灸铜人像

蒙医正骨术，是历代正骨医学家们所积累的具有民族特色的治疗各类骨折与关节脱位、软组织损伤等一系列病症的疗法，分整复固定、按摩、药浴治疗、护理和功能锻炼等六个步骤进行，有解毒、舒筋和活血的作用。

蒙医基本理论是五元学说。蒙医学以阴阳五行、五元学说理论为指导，贯穿了人与自然的整体观。内容包括三根、七素的物质基础，辨证施治的基本方法等。

蒙医学中认为父精、母血是以五元为基因，经复杂的量和质的变化聚合而成，人体的本基是“赫依”、“希拉”、“巴达干”三根。“赫依”属气，“希拉”属火，“巴达干”属土和水。

知识链接 **五元学说** 古代蒙古人称苍穹为“父天”（阳），称世界为“母地”（阴），并认为世界上一切事物都是由五种物质，即木、火、土、金、水的运动与变化所构成的，因而称之为“五大要素”，亦称“五行学说”。

蒙医诊断包括问诊、望诊、触诊三种方法，简称三诊。

在医药学尤其是外科学方面，蒙古族结合本民族的生活特点，有不少创新。明末著名蒙医墨尔根·绰尔济善于治疗骨伤，“先以热镬熏蒸，次用斧椎其骨，手捏有声，对好即愈”。清代有的蒙医在接合股骨的手术中采用了冰冻麻醉的方法。清政府在上驷院设“蒙古医士”，从“上三旗”挑选“蒙古族之谙习骨法者，每旗十人”，“凡禁廷寺人有跌损者，由其医治，限以期日，逾期则惩治焉”。

# 蒙古名医

神奇的蒙医蒙药，治愈了一个个病人，也造就了许多蒙古名医。

## 蒙医楷模占布拉·道尔吉

占布拉·道尔吉

占布拉·道尔吉是清代蒙医药学家、佛学大师。他出生于内蒙古奈曼旗一个贵族家庭，是第九任札萨克诺颜（清代掌管旗务的世袭官）巴拉楚克的次子，该旗波日胡硕庙第四世活佛。

占布拉·道尔吉精通蒙古、藏、汉、满、梵五种文字，对蒙医学理论，尤其对蒙藏医药学造诣很深。他的不朽之作《蒙药正典》，（又称《无误蒙药鉴》）是一部蒙医药学专著。该书图文并茂，共收载879种药材，799幅黑白插图和蒙古、汉、藏、满四种文字的药名表。对外科器材的形状和用途、放血、针灸等疗法以及人体各部位的划分也有详细记述。记载了300多个穴位，并且对重要穴位予以详细图解。

《蒙药正典》已成为蒙医药学的指南范本，现译成蒙古、汉、俄、英等多种文字。

占布拉·道尔吉被评为蒙古族十大杰出科学家之一。

## 一代名医古纳巴陀罗

古纳巴陀罗大夫是阜新蒙古族自治县大板镇人，曾任内蒙古卫生厅副厅长、内蒙古蒙医研究所所长、中蒙医院院长、内蒙古医学院院长、全国政协委员。自9岁始步入瑞应寺的殿堂，苦读

古纳巴陀罗

经文。在门巴札仓医学部学医，拜名医六喇嘛（刘金伴）和巴英嘎为师。28岁开始行医，独立操作。他治病有方，药到病除。他先后到过东北三省、内蒙古、北京等地区行医，名扬各地，他还为我们敬爱的周恩来同志治过病。

古纳巴陀罗大夫十分重视培养蒙医人才，他收徒300多人，其桃李遍布于东北及内蒙古各地。他亲身到西藏雪域高原和祖国各地采集药材，写成《本草荣泊》，他将自己行医50多年的570多个蒙医验方，总结整理出来编成书，丰富了蒙医医学宝库。

## 蒙古神医邢布利得

邢布利得大夫是阜新蒙古族自治县塔子沟村人，是著名的蒙医主任医师，辽宁阜新蒙医药研究所名誉所长。中华全国中医学会辽宁省常务理事，政协辽宁省委员会委员。

邢布利得大夫家境贫寒，16岁拜蒙医医术高超的著名大夫乌恩巴雅尔为师，7年后，学成出徒，独立行医。在行医中，他理论联系实践，博采群芳，取各家之长。对各种疑难病症，不断探索研究，对治疗"再生障碍性贫血症"的疗效，目前居于国内领先水平。他对自己多年的临床经验加以总结，编写出242首方剂的《蒙医方剂选》，并主持编译蒙医秘卷《玛那仁钦忠乃》等鸿篇巨制。他的精湛的医术和高尚的医德，赢得了人们的尊重。他曾受到党和国家领导人毛泽东主席、朱德委员长、周恩来总理的接见。1983年受到国家三部委的嘉奖。1985年他的事迹收录于《中国名人录》。

邢布利得

# 传承发展的蒙医药

新中国成立六十多年来，在党和国家的关怀下，蒙医蒙药事业有了长足的发展与提高。传统蒙医药日趋完善，发展成为具有系统理论体系和独特诊疗经验的近代蒙医药学。尤其是改革开放以来，随着八省区蒙古族地区经济的快速发展，蒙医药事业在党的民族医药政策指引下，在教学、科研、医疗、标准化建设以及国际合作等方面都得到了快速发展，为广大蒙古族群众及各族人民的健康和繁衍生息做出了贡献。

▲ 药碾

发展迅猛的蒙医药，已形成了较为完整的科研力量和人才培养机构。目前有内蒙古蒙医药学院、内蒙古民族大学蒙医药学院、呼伦贝尔蒙医学校、甘旗卡蒙医卫生职业技术学院等大专院校，专门培养高级蒙医蒙药专门人才；有内蒙古自治区中蒙医研究所、内蒙古医学院蒙医药研究所、内蒙古民族大学蒙医药研究所、阜新蒙医研究所、通辽蒙医研究所、鄂尔多斯蒙医研究所、锡林郭勒盟蒙医研究所等研究机构，探索蒙医药渊源、特色，研究其博大精深的医药和治病原理，弘扬蒙医药文化；还有五家蒙药厂，可生产各种蒙医药制剂或蒙成药350多种。蒙古族聚居的八省区的州、市、盟、旗都设有蒙医院或蒙医专科。

▲ 火罐

发掘整理蒙医药学遗产的工作也取得了很大的成绩，已搜集整理蒙古文、藏文古典医籍近400部。有17部蒙药传统方剂、7种单位药载入《中华人民共和国药典》。

随着近年来人们对医药产品的消费理念和其他需求因素的变化，中蒙医药等民族医药产品的消费市场每年以30%以上的速度

知识链接 **蒙药传统剂型** 蒙药传统剂型有八大类：汤、散、丸、膏、灰、油制剂、酒剂等。近几年研制并颁标准的新剂型有：颗粒剂、软膏、胶囊、片剂、橡胶膏。医制剂有：注射剂、灌肠剂、洗剂等。

递增。同时，由于中蒙医药等民族医药具有药食同源、毒副作用低、疗效确切等特点，越来越为人们所关注。今天的蒙医蒙药正走向世界，为全人类造福。

药筛

# 天文历法等科学技术

早在远古时代，蒙古先民就已注意到了太阳升落、月亮圆缺以及星辰回转等天象。蒙古族多以草木纪年，“以草木一度为一岁”，论年龄，习惯上不说几岁，而说几草。在此基础上进而形成春、秋两时制的自然历法纪年，并将其与宗教祭礼结合起来，形成“春和秋的两个祭日”。随着生产的发展，从两时制发展到四时制，即春、夏、秋、冬。月名则常冠以季度名来表示，如“夏的头月”即四月，夏的中月为五月，夏的末月为六月等，以月亮的循环表示时间，“每见月圆而为一月”。蒙古人大多用畜产品和常见物给月份命名，如“把六月称为草月，把八月称为牛奶月”等，充分反映了游牧民族的历法特点。

蒙哥汗时，于1259年命人在蔑剌合城北高冈建天文台，并编制了一个超越前人的天文表，即《伊尔汗历》。

呼和浩特市五塔寺石刻蒙古文天文图

至元十三年（1276），在河南登封建了“观星台”。1279年忽必烈批准在大都（今北京）兴建规模宏大的天文台，由太史院主管，于至元十七年（1280）由郭守敬等编制成新历法，“诏赐名曰授时历”。这是我国古代最先进的一部历法，该历法被认为“自古至今，其推验之精美未有出于此者也”。可以说，郭守敬的《授时历》是

> **知识链接** **郭守敬与《授时历》** 郭守敬(1231—1316)，字若思，汉族，顺德邢台（今河北邢台）人，元朝著名的天文学家、数学家、水利学家和仪器制造专家。曾担任都水监，负责修治元大都至通州的运河。1276年郭守敬修订新历法，经4年时间制定出《授时历》，其法以365.2425日为一岁，距近代观测值仅差26秒，精度与公历相当，但比西方早采用了300多年，是当时世界上最先进的一种历法。1981年，为纪念郭守敬诞辰750周年，国际天文学会以他的名字为月球上的一座环形山命名。

郭守敬塑像

元代科技的里程碑。

元代兴修了许多水利工程，闻名世界的南北大运河最后凿通，由杭州起航的船只通过运河可以直达大都。棉花的种植得到了推广，棉纺织业有了发展，朝廷组织编写农书。

我国最先研究著名的欧几里得《几何原本》的是蒙哥(1208—1259)。蒙哥是成吉思汗的孙子，元世祖忽必烈的哥哥，后被追尊为元宪宗。

蒙古族研究数学并有著作留传于后世的，还有清末的都伦。都伦著有《贻笑大方算草》一卷，又名“少广章初编”，内容属于初等数学。

清代钦天监中有不少蒙古族天文研究人员，其中任职时间最长、成就最大的要推明安图，在钦天监工作五十年左右，参与主编《律历渊源》《历象考成后编》和《仪象考成》三部有关天文

> **知识链接** **《大元一统志》** 元代官修各地方志的总志。至元二十二年(1285)，集贤大学士行秘书监事扎马剌丁奏请编纂大一统志，世祖忽必烈遂命他与少监虞应龙等人搜集材料编纂此志。至元三十一年（1294）成书。但此后又陆续得到《云南图志》《甘肃图志》《辽阳图志》，因而又重新编修，由孛兰盼、岳铉等人编纂，于1303年完成，前后历时17年。此书按各路、州、县分别记述各地区有关的史地，内分建置沿革、坊郭乡镇、里至、山川、土产、风俗形势、古迹、官迹、人物、仙释等门类。书中保存了大量宋朝、金、西夏、大理国、西辽、吐蕃、蒙古高原、元朝时所修方志书中的珍贵史料，具有较高的史料价值。此外，此书对于元朝各地的社会经济状况、阶级状况以及地理、地质、考古等记载，也具有重要的史料价值。此书虽在明朝时散失，但在明修《一统志》、清代编《清一统志》中都存有《大元一统志》中的若干资料。今有金毓黻辑成的《大元一统残本》15卷，又有安文溥辑成《大元一统志辑本》4卷。

由郭守敬设计的大都天文台的简仪

历法的书。

在地理学和测绘学方面，元朝组织编写了《大元一统志》，记载当时全国的地理情况。至元二十五年（1288）又由回族著名科学家扎马剌丁负责纂修《地理图志》。到大德七年（1303），完成彩色地图。

在编纂全国的地理志和绘制地图的同时，元政府派契丹族旅行家都实（又作笃什）勘查了黄河河源，并根据这次考查记录绘制了一幅《河源之图》。清代的明安图在地图测绘方面也做出了贡献。

元顺帝妥懽帖睦尔

在长期生产实践中，蒙古族积累了丰富的畜牧经验，培育了不少优良畜种。兽医的技术也很高明，"颇有擅长刀圭之术而能起死回生者"。

在机械制造方面，元世祖至元十九年（1282）尚书纳怀参与"制饰铜轮仪表、刻漏"。元顺帝妥懽帖睦尔（1320—1370）也熟悉机械制造，他设计的"宫漏"，"约高六七尺，广半之"，附装按时捧时刻筹浮水而上的玉女，敲击钟、钲的二金甲神，能活动的狮、凤、飞仙等，其精巧绝伦，非常罕见。这是在前代水运浑仪一类天文仪器的基础上设计的自动报时器。他还精通建筑技术，曾亲自设计过宫殿的建筑图和模型，工匠"按式为之，即成华屋"，因此人们称他"鲁班天子"。

蒙古族在兵器制造、毛织、建筑、水利等方面，也有成就。

## 蒙古族古今十大杰出科学家

由内蒙古自治区科协、北方民族文化遗产研究会等单位主办的"蒙古族十大杰出科学家"评选活动和肖像揭幕仪式于2009年在内蒙古大学举行。这十位蒙古族杰出科学家是：18世纪我国杰出天文科学家明安图，卓越的地质学家李四光，著名生物化学专家、美籍华人傅守正，油菜育种专家官春云，中国农药化学和元素有机化学奠基人杨石先，蒙医药学家占布拉·道尔吉，试管羊之父旭日干，海军女科学家萨本茂，当代著名化学家冒怀庆，飞机设计制造家巴玉藻。

蒙古族古今十大杰出科学家

**知识链接 巴玉藻**

13岁考入南京水师学堂。17岁被选派留学英国，攻读机械工程专业。1909年，在英国学习制造船炮。次年考入阿姆斯特朗学院学机械工程，后入唯喀斯厂实习。1915年转赴美国留学，考入麻省理工学院航空工程系，1916年毕业。被美国通用飞机厂聘为第一任总工程师。

1917年冬，巴玉藻辞去美国两家飞机厂高级职务与优厚待遇，回国开创自己的飞机制造业。1918年8月，制造出我国第一架飞机。1928年，巴玉藻代表中国到德国参加万国航空展览会。后又去英、法等国考察，于1929年遭暗算身亡，当时年仅37岁。

**知识链接 冒怀庆**

化学家，澳大利亚技术科学及工程院院士。1942年生于重庆，系元世祖忽必烈第九子镇南王脱欢帖木儿后裔。1960年赴美国留学，在光学、表面化学、高分子及激光技术等广泛的研究领域里取得了突破性成果。

他主持发明的澳大利亚钞票所用防伪特殊油墨，获得了世界专利。由他主持的“关节软骨细胞修复材料开发”和“活性自由基聚合触媒技术研究”等前瞻性技术取得了突破性成果。1999年澳大利亚外交部为中澳两国关系做出贡献的各方面人物颁奖，他是唯一一个获得科技贡献奖的澳洲华人。2003年他获得澳大利亚政府颁发的“澳洲建国百年奖章”。

# 第八章
# 原始崇拜与宗教信仰

蒙古人的信仰就是热望之爱，爱人之心不薄，爱自然之心更深。可以说，蒙古人宗教的本质，在于和神性引起共鸣。

▲

西南蒙古族人祭祖

有人说，草原无处不建庙，祭天祭地祭敖包。蒙古族虔诚执着，其神灵世界属于一定的历史范畴，随着人类的自然崇拜与图腾崇拜又产生了祖先崇拜。

## 崇尚大自然

蒙古族崇尚大自然，相信万物有灵，尤其是敬天与崇拜火。

至高无上的长生天，蒙古语称天为腾格里。《蒙鞑备录》中说："其俗最敬天地，每事必称天，闻雷声则恐惧，不敢行师，曰：天地也。"

知识链接 **蒙古族敬天敬地** 天有天神，地有地祇。把天叫作"额其格腾格里"，意为天父；把地叫作"额赫嘎吉热"，意为地母。认为天赋予生命，地赋予形体。天神是十万生灵的缔造者，不可违抗；认为地祇是保佑子女、牲畜、田麦者，大受礼敬。

早在远古时代，由于生产力低下，蒙古人受大自然的支配，因此把日月、雷电、山川、土地和树木都奉为神灵。在这些神灵中，把天作为高于诸神的尊神加以崇拜。

火祭法会

蒙古人对火格外崇敬，认为火神可以赐予幸福与财富，把火、火神或灶神视作驱妖避邪的圣洁物。所以进入蒙古包后，禁在火炉上烤脚，更不许在火炉旁烤湿靴子和鞋子。不得跨越炉灶或脚蹬炉灶，不得在炉灶上磕烟袋、摔东西、扔脏物。不能用刀子挑火或将刀子插入火中，或用刀子从锅中取肉。

> 知识链接 **祭火** 蒙古族把三天叫“火日”，三十天叫“火月”，三百六十天叫“火年”。年祭在阴历腊月二十三举行，送火神，又称“送灶”。月祭常在每月初一、初二举行。

蒙古族认为水是纯洁的神灵。忌讳在河流中洗手或沐浴，更不许洗女人的脏衣物，或者将不干净的东西投入河中。因逐水草放牧，无水则无法生存，牧民注重保持水的清洁，并视水为生命之源。

## 原始宗教萨满教

萨满教作为一种原始宗教，早在远古时代就在蒙古族中盛行。蒙古族与其他北方民族一样信奉萨满教。

萨满的出现，使神的人格化导致了神的人形化，萨满成为人与神之间的“使者”。

萨满教最早产生于母系社会。在原始崇拜中，人与“神”之间，人与“鬼”之间，要有一个中介，要有一个代言人，这就是

雍和宫菩提叶彩绘佛像

**知识链接** **萨满教自然崇拜** 萨满教崇拜多种自然神灵。它把世界分为三种：天堂在上，是神灵居住之所；大地为中，是人类居住之所；地狱在下，是妖魔居住之所。

▲

萨满服饰

萨满。萨满源于通古斯语，汉译“狂舞”之意。在成吉思汗时代，把萨满教主称“帖卜·腾格里”，即“知天意，懂天语”的人，也称通天巫。

萨满教崇拜多种自然神灵和祖先神灵。成吉思汗信奉萨满教，崇拜“长生天”。直到元朝，萨满教在蒙古社会占重要地位，在蒙古皇族、王公贵族和民间中有重要影响。皇室祭祖、祭太庙、皇帝驾幸上都时，都由萨满教主主持祭祀。

随着社会的发展，萨满教在蒙古地区以祭祀、占卜、治病等活动形式不同程度地留存下来。

# 藏传佛教在蒙古族中的传播

蒙古人信奉佛教始于元朝，佛教取代了萨满教在宫廷里的地位，但佛教的影响仅限于蒙古上层统治阶级，蒙古人大多信奉的仍然是萨满教。

▲

宗喀巴像

16世纪下半叶，蒙古土默特部俺答汗迎进了宗喀巴的藏传佛教格鲁派。1578年俺答汗和达赖三世索南嘉措在青海仰华寺会面。会面后，索南嘉措被俺答汗赠送“圣识一切瓦齐尔达喇达赖喇嘛”，达赖喇嘛称号由此产生。索南嘉措也回赠俺答汗“咱克瓦尔第彻辰汗”的尊号。

**知识链接** **哲布尊丹巴和章嘉呼图克图** 哲布尊丹巴藏语意为“尊者”、“正士”，蒙古语则称“温都尔葛根”，属外蒙古，驻库伦庆宁寺，掌管外蒙古藏传佛教格鲁派。章嘉呼图克图，属内蒙古，即漠南蒙古，驻多伦诺尔汇宗寺，封为大国师，掌管内蒙古藏传佛教格鲁派。

自佛教格鲁派传入蒙古地区以后，蒙古活佛转世已自成体系。就整体佛教而言，专事活佛分为四大体系，其中西藏有达赖、班禅两系，而蒙古有哲布尊丹巴、章嘉呼图克图两系。

在清政府倡导下，蒙古地区大造寺院，雕刻佛像，绘制壁画，铸造神像，藏传佛教在蒙古地区成了麻痹人民、驯服人民的工具。

元代佛塔

金瓶

# 跳查玛

*头角狰狞面具装，怪衣飘拂舞如狂；*

*长鞭挥处无人避，打鬼除灾好致祥。*

跳查玛，又称跳布扎，俗称驱鬼。以后，演变成了蒙古族群众喜闻乐见的大型乐舞活动。主要是希望一切生灵互不倾轧，互不残杀，和睦相处，共兴乐国。“查玛”一词的原意是征服了自己的敌人而欢腾跳跃、载歌载舞之意。

查玛是包括舞蹈、歌剧、音乐、美术、油塑、木偶等综合性艺术。查玛基本上可分三种：一种是“赞颂舞”，系歌颂帝王将相以及一些英雄人物百战百胜、威震四方的舞蹈，主要表演他们在战场上的射、刺、砍、杀等武功动作。第二种是欢乐舞，主要表现赞颂神仙或活佛等战胜邪恶、于民降吉祥等内容，有着浓厚的宗教色彩。第三种是鸟兽舞，系模拟鸟兽形态舞蹈，如狮子舞、龙舞、凤凰舞、鹿舞等。

跳查玛舞

表演查玛舞时有跳、唱、念、打等动作。查玛的主要艺术特点有：表演者身着蟒袍或绸缎服装，披着比较笨重的服饰道具，头戴各种假面具。吸收古老舞蹈的曲调、动作，并保存了古老乐器，有大小鼓、法号、磬、木鱼、钢朗等祭祀用的打击乐器和吹奏乐器。乐队人数不多，但乐器的效果很好。查玛舞表现了蒙藏人民不怕敌人、百战百胜的雄壮气派和抚育儿女、繁衍生息的生活气息。其舞蹈艺术性比较高，充分体现了蒙藏文化艺术丰富多彩的成就。演员都是喇嘛，没有世俗男女演员。没有戏台，在庙门前的广场上跳。

## 对腾格里长生天的祭祀

蒙古族传统的祭祀仪式中，过去最重要的就是祭天，这是祖传下来的。元代祭天为国俗，蒙古帝王每年都会同诸王“躬天”。一般人家都在农历年三十夜里举行祭天仪式。

蒙古族祭天分为以传统奶制品上供的“白祭”和以宰羊血祭的“红祭”两种祭法。近代东部盟旗的民间祭天活动，多在七月初七或初八进行。

古代蒙古人祭天的仪式，把洁净的肉悬挂在竿子上，然后洒马奶和谷物等，并对天祈祷，祈祷时所祈求的事，往往由萨满或年长者作为上帝的旨意而传达给部众。

祭天的时间，一般都选择在四月、八月、十二月等月份。《元史》关于元朝皇帝祭天的记载，以这几个月份为多。

除一般的祭祀之外，特殊情况也要祭天，如忽必烈在中统二年（1261）亲征北方，亲自“躬祀天于旧桓州之西北”。天旱祈雨时也祭天，《黑鞑事略》和《辍耕录》中皆有关于向天祈雨的记载，其法是：“唯取净水盆，浸石子数枚而已，其大者如鸡卵，小者不等，然后默咒。”祭词如下：

天，为蒙古人传下了人种，
使蒙古人待以繁衍兴旺，
远祖孛儿帖赤那的子孙，
撒遍了沙漠的海洋。
天，为蒙古人培育了五畜，
使蒙古人生存有了保障，
草原上布满了牛马驼羊，
感谢天恩浩荡。
天，为蒙古人赋予了力量，
使蒙古人在世界中呈强，
征服了妖魔和邪恶，
享受了安宁和吉祥。

成吉思汗向长生天祈祷

# 祖先的灵光

蒙古族人的祖先崇拜由来已久。早在《蒙古秘史》中就有“俺巴孩汗合罕之妃，斡儿伯、莎合台二人，往行祭祖之礼”的记载。

祭祀祖先是蒙古族人的传统，往往有着详尽而清楚的族谱，保持着祖先的世系，并向每一个新出世的孩子教述族谱。蒙古人把自己的祖先视为族神，予以祭祀。

成吉思汗陵的祭祀用品

《元史》中说：“其祖宗祭享之礼，割牲奠语，以蒙古巫致祝词，盖俗也。”古代蒙古人认为死去的先人应在地下，故掘地而祭。祭祀祖宗时“掘地为坎以燎肉，仍以酒醴、马杂烧之”（《元史》）。祭祀时，最长者为主持人。主持祭奠的长者称“别乞”，祭祀时“衣以白衣，乘以白马，坐于上座而行祭祀”。

蒙古族祭祀仪式，在藏传佛教传入后深受其影响。无论祭天、祭祖都渗入了宗教成分，藏传佛教取代了萨满教，佛教渗入了纯朴的自然崇拜，在崇敬祖先的意义中渗入了求冥福、讲因果等内容，在形式上也增加了诵经、招魂、散斋等。

喇嘛诵经祈福

# 祭祀敖包

祭敖包是蒙古人自古流传下来的习俗，在每年水草丰美的时节举行。

敖包祭祀分为火祭、玉祭、酒祭、血祭等四种。每次祭奠，敖包都要重新进行装饰。

蒙古族祭祀敖包大概缘于古代的祭圣山。祭圣山又与成吉思汗时代不无关系。据《蒙古秘史》记载：成吉思汗在早期被蔑儿乞人追赶时，藏在不儿罕山里，蔑儿乞人绕山三圈没有抓住成吉思汗。蔑儿乞人远去，成吉思汗下山后说，不儿罕山掩护了我，保住了我的性命，我将每天祭祀，每日祝祷，让我的子孙都知道这件事。说完，即“挂其带于颈，悬其冠于腕，以手椎膺，对日九拜，酒奠而祷”。

▲

祭苏勒德

元代，忽必烈曾制典，封建皇帝与蒙古诸王每年必须致祭名山大川。由于有的地方没有山或离山较远，群众就“垒石像山，视之为神”（《蒙古风记》）。这种山不是自然的山，是蒙古人用石头或沙蒿等堆起来的，蒙古语称“敖包”。

蒙古族祭敖包一般在每年农历五月至七月间举行。有一旗、一个苏木独祭，也有几个苏木、几个旗联合祭祀。藏传佛教传入后，把萨满教的杀生祭改为果祭，一般人家搭的临时蒙古包内也挂佛像，摆牛羊肉及奶食和酒类供品，并焚香点烛。正式举行祭祀仪式时，活佛或有高位的喇嘛带领众多喇嘛绕敖包诵经，群众随行。祭敖包时还要用“阿尔山”（即圣水），并用这圣水洒注畜群。祭祀仪式结束后，开始娱乐。按照民间风俗有赛马、射箭、摔跤和宴会，同时，还要开展贸易活动。

◀ 转敖包

# 第九章 名胜古迹与风光概览

大漠秘境，名胜奇观，金戈铁马在天地间交汇出凝固的乐章。

天堂草原，碧野蓝天，最蓝的天空和最绿的净土大美无言。

只能感叹而无法走遍的地方，是蒙古族居住之地！

▲

成吉思汗陵

成吉思汗魂归草原，融入自然，身后没有留下坟冢，成吉思汗陵是吸附成吉思汗灵魂的圣地，是成吉思汗灵魂的居住地。

# 圣主的院落成吉思汗陵

陵墓坐落在内蒙古鄂尔多斯草原中部的鄂尔多斯市伊金霍洛旗甘德利草原上，距包头市185公里。蓝天绿草之间，三座蒙古包式的大殿肃然伫立，明黄的墙壁、朱红的门窗、辉煌夺目的金黄琉璃宝顶，使这座帝陵显得格外庄严。陵园占地面积5万多平方米，主体建筑由三座蒙古包式的大殿和与之相连的廊房组成。

知识链接 **伊金霍洛** 伊金霍洛的蒙古语意为“主人的陵园”，或“圣主的院落”，位于鄂尔多斯高原东南部，这里葬着一位横扫欧亚、所向披靡的不世英雄的魂灵。

陵园分作正殿、寝宫、东殿、西殿、东廊、西廊等六个部分。整个陵园的造型，犹如展翅欲飞的雄鹰，极富浓厚的蒙古民族独特的艺术风格。

成吉思汗时代，蒙古族盛行“密葬”，所以真正的成吉思汗陵究竟在何处始终是个谜，现今的成吉思汗陵乃是一座衣冠冢。

成吉思汗陵是全国重点文物保护单位。

# 欧洲人的“东方神话”元上都

七百多年前，蒙古族在大草原上建立了一座都城，这就是后来的元朝陪都——元上都。几经扩建，元上都逐渐成为当时中国乃至世界的政治、经济、军事、文化中心。

据记载，元上都拥有11万人口，城垣周长8公里多。城内有官署约60所，各种寺庙堂观160余处，驿道四通八达，为漠北与中原的交通枢纽。

元上都遗址呈方形，站在城外的台基上，依稀可以辨认出房屋当年的格局。其中宫城是整个建筑的重中之重，是皇帝和后妃们夏季避暑时的居住之地，风格以自然为主。内城和外城是官吏们的居住地。此外，在都城附近还有一座面积很大的御花园，以供皇帝游猎。

元上都遗址

元上都遗址属全国重点文物保护单位，是中国元代都城遗址，位于内蒙古自治区锡林郭勒盟正蓝旗旗政府所在地东北约20公里处，闪电河北岸。由我国北方少数民族创建的这座草原都城，被认定是中原农耕文化与草原游牧文化奇妙结合的产物，史学家称誉它可与意大利古城庞贝媲美。

目前，元上都遗址是我国草原城市遗址中规模最大、级别最高、保存最完好的一座城市遗址。

知识链接 **“东方神话”** 据《马可·波罗游记》记载：“上都是忽必烈大汗建造的都城，大理石和各种美丽的石头建造的宫殿设计精巧，装饰豪华，令人叹为观止。该宫殿的所有殿堂和房间里都镀了金，装饰得富丽堂皇。”元上都也因此被欧洲人称为“东方神话”。

# 历史丰碑成吉思汗庙

成吉思汗庙坐落在兴安盟乌兰浩特市罕山之巅，始建于1940年，它三面环山，一边傍水，四周布满了苍松翠柏，洮儿河像一条玉带缠绕在它的脚下。

这座融汉、蒙古、藏三个民族建筑风格于一体的庙宇，从正面看是“山”字形。正殿当中有16根粗大的红漆明柱，四周绘有反映成吉思汗业绩的精美图案，中央为2.8米高的成吉思汗铜像；两偏殿陈列有元代的兵器、服装、瓷器等复制品，山门到正殿有宽10米、长158米用花岗岩砌成的81级台阶。

成吉思汗庙是唯一一座纪念成吉思汗的祠庙。正殿庄严肃穆，重新雕塑的成吉思汗青铜塑像屹立在大殿中央，北壁和东西两侧是由思沁等著名画家创作的大型壁画。正殿北壁画是25个人物的肖像，均为成吉思汗的文武重臣。东厅壁画《统一长城南北》，表现了成吉思汗在统一长城南北后，促进了南北经济共同发展的业绩。西厅壁画《畅通东西方》，表现了成吉思汗在沟通东西方文化、工商业、交通等方面对世界的贡献。东西走廊共有四幅壁画，展示了成吉思汗的生平业绩。

成吉思汗庙不仅是一座雄伟的建筑，而且也是一座历史的丰

成吉思汗庙 ▶

碑。2006年5月25日，成吉思汗庙被国务院批准列入第六批全国重点文物保护单位。

## 闻名遐迩的喀喇沁亲王府

喀喇沁亲王府是建成年代最早、建筑规模最大、保存最完好的清代亲王府邸。位于内蒙古自治区赤峰市喀喇沁旗王府镇，东北距赤峰70公里。

▲ 喀喇沁亲王府是全国重点文物保护单位

喀喇沁亲王府全称“喀喇沁右翼旗亲王府”，始建于康熙十八年（1679），先后共有十二代喀喇沁王爷在这里居住。

喀喇沁亲王府规模宏大，前有广场，后有花园，占地面积129亩，建筑房屋400余间，为内蒙古49旗蒙古王府之首，建筑古朴庄重，色调淡雅，气势宏伟，融古典建筑风格和现代陈列艺术于一体。

清代晚期，著名的清朝蒙藏大臣、喀喇沁旗第十二代郡王贡桑诺尔布生活在此王府。喀喇沁亲王府成为清代札萨克制度下的蒙旗政治、军事、经济、文化发展历史的缩影。

喀喇沁亲王府不仅对研究清代的蒙古王公制度等具有重要的实物资料价值，而且还具有极高的建筑艺术价值和旅游观光价值，已被确定为国家级重点文物保护单位。

◀ 喀喇沁亲王府

# 升起中华文明
# 曙光的红山文化遗址

位于赤峰市东北郊三公里处的红山，蒙古语称“乌兰哈达”，它不仅景色宜人，而且以新石器时代的典型文化遗址“红山文化”闻名于世。

中国著名考古学家苏秉琦认为，红山文化是中国“北方原生型”文化，是中华大地上最早发现的文明，即“中华文明的曙光”。

牛河梁遗址的大型祭坛、女神庙和积石冢群址，其布局和性质与北京的天坛、太庙和十三陵相似。5000年前，这里是一个具有国家雏形的原始文明社会。这一重大发现把中国古代史的研究从黄河流域扩展到燕山以北的西辽河流域，并将中华文明史提前

牛河梁红山文化遗址

**知识链接** **牛河梁遗址** 牛河梁遗址属于红山文化晚期遗存，位于辽宁省朝阳市境内的凌源与建平县交界处，因其山下的牤牛河而得名，被评为“中国20世纪100项考古大发现”之一。

了1000多年。这一考古新成果对中国上古时代社会发展史、思想史、宗教史、建筑史、美术史的研究产生巨大影响。

遗址中出土的玉雕猪龙、玉雕鹄鸟（猫头鹰）等，造型古朴神似，令人叹为观止

在牛河梁遗址出土的文物中，以女神头像最为珍贵。这尊头像是典型的蒙古利亚人种，眼珠是用晶莹碧绿的圆玉球镶嵌而成。

▲

牛河梁红山文化遗址女神庙

## 内蒙古名寺大召寺

大召寺是一座藏传佛教寺院，属于格鲁派。蒙古语称“伊克召”，清代改称“无量寺”。因寺内供奉一尊高达2.5米的银制释迦牟尼像，又称“银佛寺”，西藏的三世达赖喇嘛曾亲临大召寺为银佛主持了开光法会。

大召寺是明清时期内蒙古地区最早建立的藏传佛教寺庙，由明代蒙古土默特部落的首领俺答汗于明万历七年（1579）与夫人三娘子于归化城（今呼和浩特）主持修建，万历八年（1580）寺成，是呼和浩特最早兴建的寺院，也是蒙古地区仅晚于美岱召的

◀ 大召寺山门

▲ 大召寺吉祥八塔

蒙古人皈依藏传佛教格鲁派初期所建的大型寺院之一。

大殿内耸立着三尊高大的佛菩萨铸像，殿壁上有描写康熙私访明月楼的巨幅绘画。后面是达赖四世、土默特部蒙古人云丹嘉措和达赖五世的塑像、木雕两佛像、108部《甘珠尔经》以及铜铸镀金的各种法器等等。

大召寺也是蒙古少有的不设活佛的寺庙。据说是康熙皇帝曾在此住过几日，为了表示对皇帝的尊敬，僧侣们取消了活佛的转世规定。

**知识链接　大召寺的艺术三绝**

银佛，即供奉在佛殿内的释迦牟尼像，距今400余年，是中国现存最大的银佛之一。佛像呈坐姿，高达2.5米，由纯银铸成。

龙雕，是指银佛座前的两条造型生动的金色蟠龙，高约10米，分别雕在两根通天柱上。大召寺的龙雕形神兼备，气势磅礴，充分显示了明代龙雕艺术的精湛技艺。

壁画，内容以佛教人物、故事为主，描绘了天上、人间及地狱的各种景象，题材丰富，画面生动。全图绘有神佛、凡俗等各种人物770余人，场面宏大，颇为壮观，反映了我国明代绘画艺术的高超水平。

# “城寺合一，人佛共居”的美岱召

美岱召始建于明朝庆隆年间，是藏传佛教传入蒙古的一个重要的弘法中心，属全国重点文物保护单位，原名灵觉寺，后改寿灵寺。在呼和浩特至包头公路的北侧，东距包头市东河区约50公里的土默特右旗美岱召村。

明隆庆年间（1567—1572），土默特蒙古部俺答汗受封顺义王，在土默川上始建城寺。藏活佛迈达里胡图克图于万历三十四年（1606）来此弘传佛教，所以又叫作迈达里庙。

美岱召依山傍水，景色宜人，在建筑上更有独特的风格。它是仿中原汉式，融合蒙藏风格而建，是一座“城寺结合，人佛共居”的喇嘛庙。总面积约4000平方米，寺内有大量的壁画，如大雄宝殿内释迦牟尼历史壁画及描绘蒙古贵族拜佛场面的壁画，这些壁画都完好无损，对研究明代蒙古史、佛教史、建筑史、美术史都具有很重要的意义。

美岱召是一处罕见的集寺庙、王府与城池为一体的建筑。寺里主体建筑有经堂、大雄宝殿、罗汉堂及观音殿等，殿宇高大雄

美岱召里的三娘子像

**知识链接** **三娘子庙** 三娘子庙的玻璃殿为三层楼房，是俺答汗和三娘子接受朝拜的地方。在东北方，有座重歇山顶式建筑，这就是“太后庙”，亦称三娘子庙。

伟，殿内供奉有佛像、菩萨像，并陈列法器，墙面绘有佛传故事和护法神像等内容的壁画。

# 有“东藏”之称的瑞应寺

瑞应寺，蒙古族人称“葛根苏木”，俗称佛喇嘛寺。位于辽宁省阜新蒙古族自治县佛寺镇佛寺村，于阜新市西南22公里。始建于清康熙八年（1669），属藏传佛教格鲁派，素有“东藏”之称。清康熙四十二年（1703）粗具规模，康熙帝赐名题字，赠刻有满、汉、藏、蒙四种文字的瑞应寺匾额。道光年间，瑞应寺达到鼎盛时期，实行“政教合一”的管理体制。称瑞应寺一世活佛桑丹桑布为“大清东部蒙古老佛爷”。

据史料记载，瑞应寺鼎盛时期，“有名喇嘛三千六，没名喇嘛赛牛毛”。经历长达180多年，瑞应寺的占地面积达到约18平方公里，有大小寺殿97座，约1620多间，形成了气势恢宏的佛教建筑群。正殿大雄宝殿，栋宇巍峨，雄伟壮观。活佛宫分东西两馆，有房舍999间，南北七道门。大殿周围有四大札仓和德丹阙凌，寺院外环——万佛路上有万尊石雕佛像，素称“万尊佛”。

瑞应寺是东蒙地区最大的藏传佛教中心，曾对蒙医蒙药、天

**知识链接** **瑞应寺七世活佛**

1997年10月9日，按照严格的历史定制和宗教仪轨寻访，经拉卜楞寺银瓶掣签认定，报国务院宗教局批准，正式认定察罕殿齐·洛桑·义希成来坚措（俗名刘海龙）为瑞应寺七世活佛，并举行了盛况空前的七世活佛坐床庆典。

七世活佛坐床后，致力恢复瑞应寺的历史原貌，先后恢复修缮了大雄宝殿、天王殿、护法殿、佛祖殿、藏金阁、长寿塔、九大臣祈愿殿等。大殿内重新塑建了3米高的释迦牟尼佛、文殊菩萨、弥勒佛、宗喀巴大师、观世音菩萨像。

瑞应寺山门

文历法、建筑工艺、文化艺术的发展都产生了深远的影响。尤其是瑞应寺的因明学部、医学部、密宗学部、时轮学部，都曾培养出了许多哲学、医学、气象学等方面的人才。特别在蒙医药学方面，培养了众多的蒙医药人才，著名的蒙古神医古那巴达拉、邢布利得便出自该寺。历史小说《兴唐五传》的作者恩可特古斯，就是该寺的高僧。

2011年，经全国旅游景区质量等级评定委员会批准，瑞应寺风景区晋升国家4A级旅游景区。

瑞应寺匾额

# 喇嘛寺院五当召

五当召在内蒙古自治区包头市东北约七十公里的五当沟内，是一座规模宏大的藏式佛庙。也是内蒙古现存最大最完整的喇嘛寺院。

全寺的主要建筑是苏古沁独宫、却伊拉独宫和洞阔尔独宫。

苏古沁独宫位于寺庙前部，共三层，是举行全庙性集会、讲经的地方。经堂内有六十四根大方柱，全部包着彩镶云龙毛毯，顶上悬着一排排经幢，其中画满了各种内容的壁画，除释迦本生故事外，还有草原城乡生活的场景。二楼供释迦牟尼佛及宗喀巴塑像，天井北壁绘有西藏布达拉宫、色拉寺、甘丹寺及五台山等著名佛寺的图画，五当召的全景图也在此。三楼供两座曼陀罗，即祭供、修道的坛场，铜质、圆底，上面制成宫殿形，底部做成

五当召

城墙，精巧奇致。

却伊拉独宫在苏古沁独宫西侧，是讲授佛教教义的场所。宫内供奉的弥勒佛铜像高达十米，头戴宝冠，肩饰莲花，身上的璎珞钗镯等雕刻十分精细。

洞阔尔独宫在前面两宫的后部山腰上，是五当召最早的一座建筑。后半部为黄色，大门外有前廊，前檐用四根方柱支撑，斗拱上彩雕艳丽。门额“广觉寺”用汉、蒙、满、藏四种文字书写。这座宫殿是讲授天文、历法、地理、数学的场所。每年夏历三月十五，在此举行学术升级考试，开展学术辩论。

五当召的建筑及文物是研究宗教神学、建筑艺术的宝贵资料。

## 中国一绝海棠山摩崖造像

海棠山位于辽宁省阜新蒙古族自治县大板镇大板村西北两公里处，主峰海拔715.5米，利用海棠山的天然岩石崖壁镌刻的摩崖造像，其文字有蒙古、藏、满、汉四种，50余处，在国内罕见。

摩崖造像内容为咒文、真言、赞语、镌刻时间、记事、施主和雕刻工匠姓氏。佛教人物造像有：阿底峡、宗喀巴、贾曹杰、克珠杰、米拉日巴、关圣大帝，普安寺位显、德高、权重的活佛和经师。神佛造像主要有：释迦牟尼、阿弥陀佛、无量寿佛、药师佛、观音、文殊、度母等，共46种，190尊。在雕刻方法上吸取了中国古代及国外雕刻艺术风格，造

像雕刻得细纤精巧，惟妙惟肖，从形式上看生动活泼，神形兼备，富有美感，形成了海棠山独特的具有蒙、藏、汉族兼备的高、中、低浮雕艺术特色。至今有些造像的彩绘仍很鲜艳，令人叫绝。

▲

海棠山摩崖造像

海棠山摩崖造像种类繁多，从山间到山巅，在大小不同的花岗岩石上，处处雕刻着千变万化的佛像，现保存完好的佛像260多尊，它们最高为5米，最小仅0.3米。有的十尊佛像为一组，最多的一组群像有26尊称为“集仙石”。有些佛像龛上下左右刻有蒙、满、藏、梵和汉文字，有的还涂有彩绘，虽经历300多年，但色彩不退。

2007年8月1日，辽宁海棠山经国务院批准列为国家级自然保护区。现为国家4A级旅游景区。

# 神秘的草原岩画

草原岩画是先民们在漫长的历史发展过程中，生息繁衍、生产活动、思维信仰、图腾文字的真实写照，也是人类社会进步、自然环境变迁的历史佐证。

阴山岩画位于巴彦淖尔市境内阴山之中，已发现约一万余幅。阴山岩画是我国岩画最丰富的地区，阴山山脉是岩画的宝库，被称为“举世罕见的珍贵古代民族文物”。阴山岩画题材内容丰富，集中反映了古代狩猎游牧民族的社会生活。其中动物岩画居多，狩猎或与狩猎有关的画面也占有相当数量，有些岩画记叙和表现了北方游牧人的生产、生活。阴山岩画作为北方草原古代文化的遗存，显示了北方游牧人的无穷智慧和非凡的创造力。

草原岩画主要分布在四子王旗卫井苏木西北约50公里处查干哈夏图的一个台地西侧的斜坡上，岩画内容全部是奇蹄类动物的蹄印。另外，在察右后旗三井泉乡三井泉村的丘陵上也发现许多岩画，内容有北山羊、奔羊、符号等。

青海的巴哈莫力沟岩画，位于都兰县香加乡东部，属唐代遗迹，1986年公布为省级文物保护单位。画面长7米，宽4米，凿刻内容为鹿、羊、蛇、马、驴、鸡、太阳以及有关字纹及汉藏文字。

据史学家考证，乌兰察布市境内的草原岩画，最早创作于一

岩画 ▶

万年以前，最近的也有数百年的历史。

草原岩画以青铜时代游牧人作品为主，作画的民族有原始民族部落，其后则有匈奴、突厥蒙古人和汉族等，其中，尤以突厥岩画最有特色。究竟为什么先辈把绘画艺术画在岩石上，而且历经风吹日晒，仍保持完好，至今仍是谜。

草原岩画，再现了远古草原游牧文化的丰富与神秘，值得探寻与观瞻。

## 举世罕见的阿斯哈图石林

阿斯哈图是蒙古语，汉译为“险峻的岩石”。阿斯哈图石林位于赤峰市克什克腾旗，处于大兴安岭余脉向西部草原过渡的地带。

阿斯哈图石林形态多变，很少有雷同形状，而且浑厚粗犷，在荒野中突兀而立。

阿斯哈图冰川石林风光秀丽，景色迷人，是举世罕见的“冰川石林”。阿斯哈图石林发育类型很多，形状千姿百态。有的像“石柱”、“石丛”、“石笋”，有的好似“石塔”、“石墙”，还有的像“秀女望月”、“比萨斜塔”，还有“成吉思汗拴马柱”、“神剑

阿斯哈图石林

**知识链接** **冰川石林** 由于处在大兴安岭余脉向西部草原过渡的地带，草原上群山呈现出典型的丘陵地形地貌特征，四周险峻，而山顶平缓起伏，冰川石林在这平坦的丘陵地带显得格外突出。据专家分析，阿斯哈图石林主要是由冰盖冰川的刨蚀、掘蚀和冰川融化时形成的大量冰川融水的冲蚀作用下形成的，所以叫“冰川石林”。

石”、“南天门”、“神女石”、“姐妹石”等。

第四纪冰川长期的精雕细刻，造就了阿斯哈图冰川石林这一方神秘的独特的自然风貌，具有华山之险峻、黄山之秀丽、泰山之雄奇。

## 天然湖泊哈素海

哈素海位于呼和浩特西70公里的土默特左旗境内，有“塞外西湖”之称。

哈素海

**知识链接** **哈素海** 蒙古语“哈拉乌素”的简称，意为黑水湖，是天然湖泊。

哈素海是黄河变迁而遗留的牛轭湖，属大黑河水系的外流淡水湖泊。过去曾称陶思浩西海子，俗称“后泊儿”。面积达29.7平方公里，最大水深3米，平均深度1.7米。

哈素海属富营养化湖泊，主要功能是渔业、芦苇、旅游和农灌，1960年正式成立了国营渔场，湖泊中主要鱼类有白鲢、花鲢、红鲤、黄河鲤、鲫鱼、青鱼、草鱼等。

置身哈素海，极目远眺，可见晴空碧水，蔚蓝一色，蒲萍丛丛，轻舟点点，让人觉得哈素海宛如一幅淡雅的水墨画。如果停舟湖中，看对对鸥鸟翻飞低空，群群野鸭出没苇丛，远处响起嘹亮的渔歌，近旁鱼儿不时跃出水面，你会感觉到哈素海既像一幅画又像一首诗。

▲ 哈素海冰雪节开幕式

哈素海已成为土默川地区的旅游胜地，是土默川平原上的一颗明珠。

# 天池赛里木湖

赛里木湖是新疆海拔最高、面积最大的高山冷水湖。位于博尔塔拉蒙古自治州博乐市境内的北天山山脉中，丝绸之路的北道，紧邻伊犁州霍城县，是一个风光秀美的高山湖泊。古代贯穿东西方的“丝绸之路”就从赛里木湖畔通过。

**知识链接** **赛里木湖趣谈** 赛里木湖因是大西洋的暖湿气流最后眷顾的地方，所以被称作大西洋最后一滴眼泪。赛里木湖古籍亦称天池。当地人称呼赛里木湖为三台海子，因清代在湖的东岸设有鄂勒著依图博木军台（即三台）而得名。赛里木湖古称“西方净海”，蒙古语称“赛里木淖尔”，意为“山脊梁上的湖”，突厥语中“赛里木”意为“平安”之意。而赛里木湖是哈萨克语，是“祝愿”的意思。因传说赛里木湖是由一对为爱殉情的年轻恋人的泪水汇集而成的，又被称为天池和乳海。

湖面海拔2071.9米，东西长30公里，南北宽25公里，面积453平方公里，平均水深46.4米，最深处达106米，蓄水量210亿立方米。

赛里木湖

赛里木湖形成于7000万年前的喜马拉雅造山运动时期，地质学称为“地堑湖”。而且赛里木湖盆地的第四纪湖泊沉积记录了西天山的地貌发育和古冰川作用的全部历史，反映了我国西北与中亚地区第四纪气候与环境的几个变化阶段，同时也为西北地区冰期与第四纪地层的划分提供了科学证据，具有重大的科学考察价值。

知识链接 **赛里木湖十景** 金缎镶边、科山观松、净海七彩、湖心情侣、激浪拥堤、绿海珍珠、乌孙古家、富士东峙、赛湖跃金、松头雾瀑。

1989年，赛里木湖被新疆维吾尔自治区人民政府公布为省级旅游名胜景区。2004年2月，赛里木湖风景名胜区入选国务院批准的第五批国家级风景名胜区名单。

## 雪山明镜德若淖尔

德若淖尔，蒙古语为“马镫湖”的意思。位于甘肃省肃北蒙古族自治县。德若淖尔像一面明镜清澈而幽静，位于海拔三千多米的高山峻岭中，面积三万多平方公里，湖水及其两岸的景色是原始、粗犷、质朴，而且湖水吸引了很多候鸟，周围是典型的高原牧场，羊群像珍珠洒在那里，两边的雪山上长着雪莲、当归等名贵药材。湖边风景宜人、气候凉爽，每年的6—8月间这里成为

德若淖尔湖

人们避暑、观光的理想之地。

传说，在很久很久以前，这里没有人烟，没有水，没有草，只有光秃秃的山脊和戈壁沙丘。那时，在遥远的雪山之乡，有一位蒙古族英雄为保全自己部落的草原，与其他部族的人进行抗争，结果未能获胜，反而部落中身强力壮的男人战死，女人被抢走，草场和牲畜也被占领了。这位英雄领着老人和孩子们翻山越岭寻找生存的地方，可是所到之处没有水，没有植物，走了三天三夜，老人累了，孩子哭了，骏马渴了，人们开始失望。面对这样危难处境，英雄果断地说："大家不要灰心，等着我，一定能找到生存的地方！"他跨上骏马独自一人经过茫茫戈壁走向大山。

当太阳落山的时候他在一个山谷中发现了一块湿地，于是英雄不停地用双手挖，骏马用四蹄刨。当第二天太阳升起时，英雄的脚下喷涌出圣洁的雪水。这水涨满了整个山谷，变成了一面湖，湖水又顺着马蹄踪印，流向戈壁沙丘，流到了老人和孩子们等待的地方。人们终于盼来了水，可以继续生存下来。可是这位英雄和这匹骏马，再也没有力气迈步了，只能在湖边踩着银镫，遥望着远方。

从此，这个用英雄和骏马的生命来挽救部族大众生命的湖水，有了一个感人的故事，也有了一个动听的名字——德若淖尔——马镫湖。

# 天鹅湖达里诺尔湖

达里诺尔湖位于贡格尔草原西南部，是内蒙古四大内陆湖之一，与鄱阳湖和巴音布鲁克湖并列为中国三大天鹅湖。

达里诺尔湖被称为“百鸟乐园”，有鸟类134种，其中国家一级保护动物有丹顶鹤、白鹳、黑鹳、大鸨和玉带海雕5种。国家二级保护动物有大天鹅、小天鹅、灰鹤、白鹤等18种，被列为中国生物多样性保护行动计划中鸟类物种多样性保护优先序列的有21种。

知识链接 **达里诺尔** 蒙古语，其意为“大海一样宽阔美丽的湖”。古称“渔儿泺”、“捕鱼儿湖”、“答尔海子”等。

这里的鱼全靠自然繁殖，无须人工撒鱼苗。

达里诺尔是一个综合性自然保护区，由北到南形成了玄武岩台地——湖积平原——湖盆低地——风成沙地依次排列的景观生态格局，与之相应的是台地平原及湖积平原植被——低湿地植被——沙地疏林草原植被的有序分布。特殊的地形地貌，造就了这里奇特的自然景观。

达里诺尔湖 ▶

# 苍天宝镜查干湖

查干湖又名查干淖尔、查干泡、圣水湖。位于吉林省前郭尔罗斯蒙古族自治县的西北部，是全国十大淡水湖之一，也是吉林省最大的内陆湖泊。

查干湖总面积60万亩，蓄水量7亿立方米，平均水深2.5米，整个湖泊南北长37公里，东西宽17公里，湖岸线蜿蜒曲折，长达128公里，四周环境优美，景色秀丽，风光迷人，是吉林省著名的渔业生产基地、芦苇生产基地和天然旅游胜地。

查干湖的自然资源丰富，除了盛产鲤鱼、鲢鱼、鳙鱼、鲫鱼等15科68种虾类、芦苇、珍珠水产资源外，这里自古至今是野生动物的天堂，鸟类的乐园。据有关资料，查干湖的草原上、树林间、田野中，有狐、兔、貉、獾等野生动物20多种。在水肥草美的绿野平原上，栖息着野鸡、野鸭、大雁、灰鸥、鹭鸟、天鹅、丹顶鹤等珍贵鸟类80多种。同时，也是个天然植物园，有野生动物200多种，其中药用植物149种。

湖水幽深、雁阵凌空、草原碧绿、牧羊成群是她如诗的画卷；妙因古刹、敖包耸立、哈达传情、奶酒飘香是她古朴的蒙古

查干湖风景区

知识链接 **查干湖冬捕** 是一种古老的渔猎方式。2004年，中国城市研究会依据《亚太人文生态价值评价体系》，把查干湖冬捕列入“中华百大美景奇观”，并载入《亚太国际卓具保留价值的生态历史财富》蓝皮书目录。2008年查干湖冬捕经国务院批准被列入国家级非物质文化遗产保护名录。2009年查干湖冬捕景观成功入选“吉林八景”，被誉为“冰湖腾鱼”。

查干湖冬捕前要举行跳舞祭湖醒网等仪式，这一习俗从辽金延续到现在已有几百年的历史了。头鱼拍卖更是热闹，一条鱼能卖到上万元。吃头鱼能带来好运，据说历代帝王就喜欢吃查干湖的头鱼预示江山稳固，风调雨顺。查干湖冬捕曾获单网捕鱼量最多的世界吉尼斯纪录，一网最多能捕十多万斤。

风情；泡沼密布、草碧花鲜、鸭雁栖集、渔歌唱晚是她特有的自然景观；王爷府邸、塔虎重镇、满蒙文碑、孝庄祖陵是她千年的文化底蕴；而以一网捕鱼21万公斤创造世界纪录的查干湖冬捕，更以其原始渔猎部落文化的积淀而成为查干湖构建吉林省生态旅游龙形框架的点睛之笔。改革开放的春风使塞北明珠查干湖的景色更加璀璨夺目。

# 北国明珠连环湖

在辽阔、美丽的杜尔伯特大草原上，有一个清新而又自然的环湖，58万亩水域水天相接，栖息着240多种禽鸟。

连环湖景区位于黑龙江省杜尔伯特蒙古族自治县西部太白公路21公里处，是我国第一家、也是唯一一家国际水禽狩猎场。由18个湖泡组成，水域面积580平方公里，其中可猎水禽达40多种。

连环湖之名，由一连串较小的浅水湖构成。18个形态各异的湖泊分别是：哈布塔泡、他拉红锡、马圈泡、德龙泡、北津泡、羊草壕泡、西葫芦泡、二八股子泡、小尚泡、红源泡、亚门气泡、敖包泡、那什代泡、火烧黑泡、铁哈拉泡、阿木塔泡、牙门喜泡、东湖。

连环湖

这些湖泊平均深度只有半米，最深处也只在两米左右，是典型的湿地地区的浅水湖泊。

## 青冢兀立昭君墓

昭君墓，又称“青冢”，蒙古语称“特木尔乌尔琥”，意为“铁垒”，位于内蒙古呼和浩特市南呼清公路9公里处的大黑河畔，是史籍记载和民间传说中的墓地，现为内蒙古自治区重点文物保护单位。

昭君出塞的故事，通过诗歌、戏剧、民间传说，流芳于世。

昭君墓

**知识链接** **王昭君生平** 王昭君，名嫱，字昭君，乳名皓月，汉族人，晋朝时为避司马昭讳，又称"明妃"，汉元帝时期宫女，西汉南郡秭归（今湖北省兴山县）人。匈奴呼韩邪单于阏氏。

王昭君相传有"落雁"之美，为中国古代四大美女之一。汉元帝时被选入宫，公元前33年，匈奴呼韩邪单于入朝求和亲，昭君自愿出嫁远入匈奴，后立为宁胡阏氏，留下了脍炙人口的"昭君出塞"的故事。

昭君出塞后的60年，是汉匈和睦相处的60年，也是整个漠南和平发展的60年，出现了"牛马布野，人民昌盛"的繁荣景象。

大黑河畔的昭君墓，建于西汉时期，距今已有两千余年的悠久历史，由汉代人工积土、夯筑而成。墓身呈台体状，墓顶建有一座凉亭，是一座人工夯筑的大王丘，是昭君的衣冠墓。墓体状如覆斗，高达33米，底面积约13 000平方米，是中国最大的汉墓之一，因被覆芳草，碧绿如茵，尽管是每年秋季树叶枯黄时，昭君墓上依然草木青青。故有"青冢"之称。

如今的昭君墓，已成为一座规模宏大的陵园。南北长300米，东西宽162米，墓高33米，占地约73亩。墓前有一座高3.95米、重5吨的呼韩邪单于与王昭君阏氏并辔而行的大型铜铸雕像。北面耸立着一块高大石碑，石碑上用蒙汉两种文字镌刻着已故国家副主席董必武的诗作《谒昭君墓》："昭君自有千秋在，胡汉和亲识见高。词客各抒胸臆懑，舞文弄墨总徒劳。"

王昭君和呼韩邪单于雕像

# 红土高原上的三圣宫

三圣宫位于云南省通海县兴蒙乡白阁村与下村之间的半山腰上，南望螺峰，北倚凤凰山。

红瓦红墙的三圣宫里供奉着成吉思汗、蒙哥、忽必烈三位蒙古族祖先的塑像。始建于明朝嘉靖年间，清同治年间进行扩建。距今已有450年的历史。

三圣宫历经沧桑，一个院落里一栋二层楼的房子，木格子门窗上雕刻着蒙古先民的远古图腾的图案。一楼是“元帅府”，里面摆着数十块碑刻，记载着蒙古族从草原到高原的迁徙史，记载着首任元帅阿喇帖木耳和元帅旃檀的业绩。二楼是供奉“三圣”的地方，成吉思汗居中，蒙哥居左，忽必烈居右。三圣宫见证着蒙古人在云南的历史变迁。

云南蒙古人历滇纪念碑

每年农历六月二十的“忆祖节”，男女老少都要会聚到“三圣宫”祭祖，由德高望重的老人主持仪式，并追述蒙古族落籍通海的历史。代代传承，从无间断。通过这种方式，使草原文化代代相传，成为云南的一道独特的风景。

造物主的神奇令人赞叹，草原之大美无法写尽！

# 第十章
# 人物春秋与历史记忆

用赤诚演绎传奇，以智慧谱写乐章。马背上的蒙古男儿，是上帝独特的创造物，能力超凡，坚毅勇敢；草原养育的蒙古女人，是长生天福佑的尘世之星，晶莹发光，聪慧贤良。

▲ 土尔扈特部东归图

从古至今，人才辈出，蒙古族是英雄的民族，也是智慧的民族。无论是在政治、经济、科学文化领域，都为中华民族的发展进步做出了卓越贡献。

# 东归英雄渥巴锡

渥巴锡汗 ▶

我们到太阳升起的东方去，
回到我们的故乡准噶葛尔。
追兵、暴风雪、疾病、沼泽、沙漠，
总有一天，
我们的肉体将会登上
耸入云霄的山巅！

土尔扈特的东归，被称作人类有史以来最令人激动的一桩伟大的事业。其时间之长，路途之远，牺牲之大，举世罕见，而率领土尔扈特东归的英雄是渥巴锡。

渥巴锡（1743—1775），出生于俄国，清代卫拉特蒙古土尔扈特部第七代首领阿玉奇汗曾孙。他创造了举世闻名的民族大迁徙奇迹，是我国历史上著名的“东归民族英雄”。

1761年，土尔扈特部首领敦罗卜喇什去世，其十七岁的儿子渥巴锡继承汗位。此时的沙俄更变本加厉地奴役和控制土尔扈特人，这一时期正值沙俄叶卡捷琳娜二世统治，局面尤为混乱。特别是后来大量沙俄居民的涌入，占据了土尔扈特部的大片牧场，更加剧了矛盾和冲突。1763年，渥巴锡针对这一丑恶行径向沙俄当局提出了强烈抗议。沙俄当局却利用手中特权向土尔扈特部大批征兵，并且在战斗中让土尔扈特士兵打头阵、当先锋，野心勃勃的女皇规定：土尔扈特人十六岁以上者尽行出兵。妄图借此对土尔扈特“暗行歼灭”，使土尔扈特部损失了大量的青壮年。

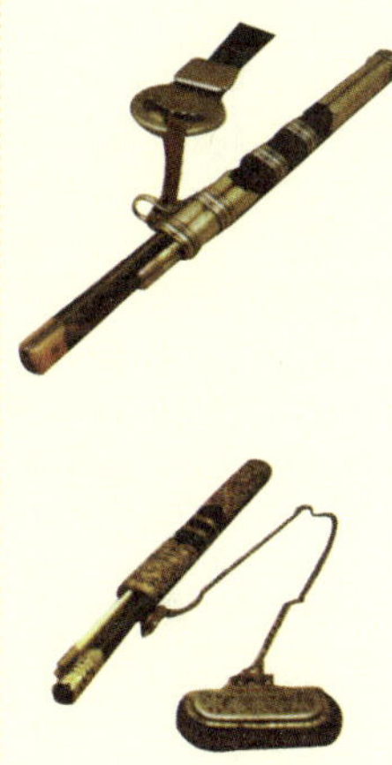

▲

蒙古刀

在外敌的长期侵袭下，摆脱沙俄的压迫，重返祖国故土就成了土尔扈特人民心里的夙愿。1771年春，渥巴锡正式发动武装起义，在“我们的子孙永远不当奴隶，让我们到太阳升起的地方去”的悲壮誓言声中，分三路浩浩荡荡踏上了东返归国的征途。

1771年（清乾隆三十六年）五月二十六日，是一个永远载入史册的日子，渥巴锡率领的土尔扈特部经历了八个多月千辛万苦的长途跋涉之后，在这一天与前来迎接他们回归的清军相遇。不久，渥巴锡受到清伊犁将军伊勒图和锡伯营总管伊昌阿的会见。清政府将渥巴锡及其部众安置于伊犁附近，划定牧场，使其得以休养生息。

1775年1月9日，渥巴锡病逝，终年三十三岁。长子策凌那木扎勒袭位。

渥巴锡的名字和土尔扈特部所创造的感天地、泣鬼神的英雄壮举，充分表现了中华民族不畏强暴、反抗压迫剥削与热爱和平自由的光荣传统，将永远光耀史册。

## 铁帽子王僧格林沁

僧格林沁（1811—1865），博尔济吉特氏，是成吉思汗的二

僧格林沁

弟哈布图哈撒尔的第二十六代孙，是属于黄金家族的一个分支。

僧格林沁一生叱咤风云，地位尊荣，备受重用，被清廷倚为“长城”，人称“铁帽子王”、“僧王”。这位科尔沁亲王曾参与了道光、咸丰、同治三个时期的朝政，在中国近代史上是一位既复杂又极为重要的人物。

僧格林沁出生在科尔沁左翼后旗，曾跟随父亲布和德力格尔为富人放牧。后来，僧格林沁的族叔索特纳木多布斋（札萨克多罗郡王）因膝下无儿，便选了仪表非凡的僧格林沁为嗣子，承袭科尔沁札萨克多罗郡王爵，其养母（索特纳木多布斋之妻）是清道光帝的姐姐。僧格林沁以卓著战功先后担任御前大臣、都统等职。

1859年，咸丰帝命僧格林沁至天津督办大沽口和京东防务。英舰队行至天津大沽口时，不听中国军队的劝阻和警告，激起了中国官兵的极大愤慨。僧格林沁下达坚决反击入侵者的战斗命令，督军力战，击毁英军战舰3艘，使英军死伤464人。这次大沽口保卫战，是自1840年西方资本主义列强入侵以来中国军队抵抗外国入侵所取得的第一次重大胜利。

1864年，僧格林沁部在同新捻军的战斗中遭惨败。1865年，捻军进攻山东，僧格林沁的人马经过数月的追击，伤亡惨重，在1865年5月18日的曹州（今菏泽）之战中陷入全军覆灭的境地，僧格林沁也在突围中阵亡，终年五十五岁。

蒙古王公战甲

僧格林沁战死疆场，令清廷上下一片震惊，皆以失去“国之柱石”而惋惜。清政府以亲王规格为僧格林沁举行了葬礼，同治帝和慈禧亲临祭奠，赐谥号“忠”。1865年7月，清政府派员护送僧格林沁的灵柩北上，安葬在科尔沁左翼世袭旗陵（今辽宁省法库县四家子乡公主陵村）。其子伯彦讷谟祜承袭亲王。

# 辅佐两代清帝的孝庄文皇后

孝庄文皇后（1613—1688），姓博尔济吉特氏，名布木布泰。1613年三月二十八日出生于蒙古科尔沁贵族世家，是“黄金家族”成吉思汗的后裔。十三岁那年，嫁给皇太极。皇太极称帝后，她被封为庄妃。顺治、康熙时，她被尊为皇太后、太皇太后。1688年一月二十七日病逝，享年七十五岁。

孝庄文皇太后朝服像

孝庄文皇后是一位贤良卓识、才华出众、功垂青史的伟大的蒙古族女性，清初杰出的女政治家。她先后拥立两位小皇帝（六岁的儿子福临、八岁的孙儿玄烨）登基继位；协助两朝（顺治、康熙）皇帝统理朝纲。主持了入关、定都两件大事。对清代的建政、巩固和政治清明，起到了不可估量的作用，在奠定和发展大清江山的伟业中做出了重大贡献。

知识链接 **孝庄文皇后** 1625年，年仅十三岁时嫁给皇太极为妃。婚后生有三女一子，三女为固伦雍穆公主、固伦淑慧公主、固伦端献公主。1636年皇太极称帝，封博尔济吉特氏为永福宫庄妃。1638年生皇九子福临，后为顺治帝，尊庄妃为皇太后。史称孝庄文皇后。

孝庄文皇后青年像

# 蒙古王爷贡桑诺尔布

贡桑诺尔布（1872—1931），字乐亭，号夔盦，系成吉思汗勋臣乌梁海济拉玛的后裔，卓索图盟喀喇沁右旗世袭札萨克亲王。民国初年晋亲王品级，后任“中华民国”蒙藏院（蒙藏事务局）总裁、卓索图盟盟长。是蒙古王公中杰出的思想家、政治家、改革家，也是一位诗人。

清光绪二十四年二月二十日（1898年3月16日），旺都特那木济勒病故，同年腊月初八，贡桑诺尔布被清廷正式任命为喀喇沁右翼旗札萨克多罗杜棱郡王，简称贡王。

贡桑诺尔布承袭王位后，发布了一系列训令，革除了一些弊政、旧制。他解散了王府京戏班，将旗民的差徭制改为定额负担制。下令不再把旗民分成贵贱等级，同时下令，旗民中凡有两三

蒙古王爷贡桑诺尔布塑像

子者，不准再送子进庙当喇嘛；贡桑诺尔布先后兴办崇正学堂、毓正女学堂和守正武学堂。回国后，贡桑诺尔布办起了毓正女学堂，由其福晋善坤亲自主持校务，王府内的年轻侍女、官员的女儿、连他妹妹七格格均吸收入学；1905 年，贡桑诺尔布还在崇

知识链接 **多才多艺的贡桑诺尔布** 贡桑诺尔布通晓蒙、满、汉、藏等文字，好诗文，喜吟咏，著有《竹友斋诗集》《夔盦吟草》两本诗集流传于世。他还通晓书法，并擅长绘画，诗词歌赋无不精通，是东蒙地区近代史上最为著名的历史人物。

正学堂内办报馆，出双日刊石印《婴报》，免费发行，该报是蒙古旗札萨克王府官办的第一份报纸。

为解决旗内不通邮、信息闭塞的问题，贡桑诺尔布派人架设了从克勒沟到喀喇沁亲王府90华里的有线电报线路，并选定三名蒙古族人为“健脚”来往于北京、喀喇沁之间，沟通了喀喇沁旗与外界的联系，使当时的喀喇沁亲王府有了“小北京”之称。

贡桑诺尔布还频繁接触同盟会，积极赞同共和主张，毅然加入孙中山领导的国民党，成为唯一少数民族代表成为该党初期中央首批九人理事之一。辛亥革命后，他毅然赞成共和革命维护祖国统一，反对民族分裂，表现出高度的爱国情操和民族气节。1912年，他出任民国政府蒙藏院总裁，长达16年之久。最后病逝于北京住所，时年五十九岁。

# 俺答汗与三娘子

蒙古族一代汗王俺答汗和他的夫人三娘子具有传奇色彩，统一漠南蒙古各部，发展土默特畜牧业和农业；与明朝由战而和，开展互市贸易；中原百姓走西口，促进民族团结；修建历史名城归化城即呼和浩特，建大召寺；与藏传佛教格鲁派最高活佛索南嘉措会晤，并赠其尊号等。

俺答汗

在战乱不止的年代，俺答从十五岁开始就随父兄骑马挥刀，西

**知识链接** **俺答汗** 俺答汗（1507—1582），16世纪后期蒙古土默特部重要首领，明朝封顺义王俺答汗，自称阿拉坦汗，意为“黄金家族可汗”。是成吉思汗后裔巴图蒙克达延汗的嫡孙，即成吉思汗第十七世孙，父亲是巴尔斯博罗特济农（济农相当于副汗）。

征北伐。由于他骁勇善战，屡建奇功，后来被蒙古汗廷授予了“索多汗”的称号。

父兄去世后，三十多岁的俺答汗成为右翼三万户实际的首领，先后进行了大大小小几十场战役，终于控制了东到宣化，西至河套，包括大青山南北的广大地区，被蒙古人誉为“圣狮”。

俺答汗在北靠大青山、南临黄河水的地方，选择了一片避风向阳、山环水绕的“吉祥地面”筹备建城。1575年建成“库库和屯”（蒙古语，意思是“青色的城”，即现在的呼和浩特）。明朝廷给库库和屯起了一个汉文名称叫“归化”，有“归顺明朝，接受教化”之意。

▲

三娘子像

1577年，年近七十岁的俺答汗率土默特族部众长途跋涉来到青海，与藏传佛教格鲁派最高活佛索南嘉措会晤，并赠予活佛“达赖喇嘛”的尊号。从此，藏传佛教最高活佛才有了这个称谓，并一直沿用到现在。索南嘉措非常珍惜俺答汗给予他的这一称号，往前追认了两世，因而自己成了达赖三世。

俺答汗去世后，他的夫人三娘子在城中居住了几十年，深受百姓爱戴，所以人们又称呼和浩特是“三娘子城”。三娘子本名钟金哈屯（蒙古语是“高贵显赫”的意思），1550年出生在鄂尔多斯一个蒙古族贵族家庭，貌美聪慧，性格豪爽。不仅好读诗文，也能弯弓射箭，在部族中很受人们喜爱。1567年，五十九岁的俺答汗迎娶了十七岁的钟金哈屯，这是他的第三位夫人，人们称呼她三娘子。婚后，俺答汗特许三娘子独自率领1万部众。

1612年，三娘子病逝，终年六十二岁。明朝廷专门派特使送来了隆重的祭礼。

**知识链接** **达赖四世** 明万历十七年（1589），俺答汗的重孙云丹扎木苏出生，被确认为索南嘉措活佛的转世灵童，法名云丹嘉措，奉为达赖四世，这是迄今为止藏传佛教最高活佛中唯一的一位蒙古人。

俺答汗与三娘子开创了土默川的繁荣与呼和浩特城市发展的历史，并且对后世产生了积极的影响。

# 保卫草原的传奇英雄嘎达梅林

蒙古族民歌《嘎达梅林》是一首流传很广的著名歌曲，其节奏舒展从容、稳健有力，旋律宽广豪迈、庄严肃穆。原歌歌词有五百多段，现在人们经常演唱的四段歌词是由作曲家安波整理译配的。

嘎达梅林

嘎达梅林（1892—1931），姓莫勒特图，本名那达木德，又名业喜，汉名孟青山，内蒙古哲里木盟（今通辽市）达尔罕旗（今科尔沁左翼中旗）塔木扎兰屯人。

1908年，嘎达梅林在达尔罕旗旗卫队当兵服役，5年后被提升为旗卫队章京。1916年被任命为旗卫队的扎兰（参领），1925年被提升为旗军务梅林（统领）。

张作霖与常住奉天（沈阳）的那木济勒色楞王爷商定开垦该旗的大片草原为农耕地，到1928年达尔罕旗四分之三的土地被放垦，牧场缩小，牧民被迫背井离乡。嘎达梅林多次到垦务局提出反对开垦草原，被免职。

1929年初，“东北易帜”后不久，张学良继续开垦蒙旗土地的计划。嘎达梅林等人发起“独贵龙运动”，即所有请愿的人在纸上围着一个圆圈签名以隐藏领头人，去沈阳向那木济勒色楞请愿。7月26日请愿代表色仁尼玛、赵舍旺、僧格嘎如布和嘎达梅林被捕，被押回本旗投入监牢。11月13日夜，嘎达梅林的妻子牡丹其其格会同一些人劫牢反狱，将嘎达梅林救出。嘎达梅林开始

嘎达梅林纪念碑

知识链接 **“嘎达梅林”释义** “嘎达”是蒙古语，意为家中最小的兄弟，“梅林”是其官职，即札萨克达尔罕亲王那木济勒色楞的总兵。

组织起义，领导了一支700多人的抗垦军队，提出了“打倒测量局，不许抢掠民财”的口号，袭击垦务局和垦荒军，驱逐测量队，转战于昭乌达盟（今赤峰市）、哲里木盟一带。

1931年4月5日，抗垦队伍在今通辽北舍伯勒图附近新开河（今乌力吉木仁河）畔的红格尔敖包屯渡口，准备渡河南去时，张学良命张海鹏部一个骑兵团和汤玉麟属下东北骑兵第十七旅李守信团出兵“围剿”，嘎达梅林战死。

嘎达梅林的起义是为了保护蒙古牧民的利益，而放垦的危害是对环境的破坏。嘎达梅林的起义虽然失败，但是军阀的牧垦草原计划被延迟。

## 新中国民族工作开拓者之一乌兰夫

乌兰夫（1906—1988），原名云泽，是蒙古民族的优秀代表，是新中国民族工作的开拓者之一，曾任国家副主席。

乌兰夫1906年生于土默特旗，1923年考入北京蒙藏学校，同年底加入中国社会主义青年团。1925年9月加入中国共产党。1931年8月，在中共西北特委书记王若飞领导下，开展民族工作，推动了内蒙古西部地区的革命斗争。

1940年党中央将乌兰夫调回延安工作，先后担任延安民族学院教育长、陕甘宁边区民族事务委员会委员，为国家培养了大批民族干部。1945年4月，在中共七大会上当选为中央候补委员。之后历任中共中央东北局委员、内蒙古共产党工委书记、内蒙古自治区政府主席、内蒙古军区司令员兼政委。

乌兰夫

新中国成立以后，乌兰夫先后担任过中央人民政府委员、政务院委员、国防委员会委员、民族事务委员会党组书

**知识链接　乌兰夫的历史功绩**

1936年2月21日，乌兰夫通过云继光，秘密领导了百灵庙的军事暴动，打响了蒙古民族武装抗日的第一枪。

1947年，乌兰夫成功地主持了“五一”大会，胜利地宣告了我国第一个少数民族自治政权内蒙古自治政府的诞生。

记、主任、中央民族学院院长、华北行政委员会委员、中共中央华北局副书记、中共中央内蒙古分局书记、绥远省人民政府主席、内蒙古党委第一书记、国务院副总理等要职。1955年被授予中国人民解放军上将军衔。党的十一届三中全会以后，先后出任五届全国人大常委会副委员长、五届全国政协副主席、中共中央统战部部长、中华人民共和国副主席、七届全国人大常委会副委员长等职务。积极从事国务活动，主持起草了第一部《中华人民共和国民族区域自治法》。

▲ 乌兰夫纪念馆

1988年12月8日，乌兰夫在北京逝世，一生为蒙古族的解放斗争做出了重大贡献。

为纪念乌兰夫同志，1991年在呼和浩特市钢铁路南植物园内修建了乌兰夫同志纪念馆。

# 青马双枪红司令乌兰

乌兰（1922—1987），原名宝力格，曾用名吕林、辛巍、章岑，参加革命后改为乌兰。

乌兰于1922年9月15日出生于内蒙古卓索图盟，也就是今辽宁朝阳凤凰山下，大凌河畔的嘎查村一个蒙古族家庭。

◀ 乌兰

9岁那年，乌兰随家人迁到北平，在北京蒙藏学校、东北职业中学读书，受到进步老师和同学的影响，参加过一二·九学生运动。

1937年，乌兰在北平读书时参加中华民族解放先锋队，担任地下交通员。

知识链接 **"乌兰"释义** 乌兰在蒙古语里是"红"的意思。乌兰喜欢红色，认为红色象征革命、热情和成功。

15岁加入爆破小组，成为中华民族解放先锋队爆破小组的成员。乌兰与小组成员炸过田野洋行、中原公司，也炸过桥梁、铁路，甚至还炸过装载军用物资的船只，把日本鬼子搞得焦头烂额。后来，组织上派乌兰到天津，以纺织女工的身份作掩护，继续从事爆破活动。1938年，北平一个爆破小组暴露，党组织决定将她们转移到延安。乌兰等5人跋山涉水、风餐露宿，徒步300里到达延安。

1939年，乌兰加入中国共产党。1941年7月1日被派到西北局民族问题研究室工作，在这期间，乌兰练就了一身高超的骑术和纯熟的枪法。23岁的乌兰，腰掖双枪，骑一匹青色战马，穿着紫红色长袍，驰骋转战在土默特千里战场上，大家都称她为"青马双枪红司令"。

乌兰率领的蒙民骑兵十一支队驰骋在努鲁儿虎山脉、大凌河、牤牛河一带，配合我军野战部队打击敌人。后来，蒙民支队又陆续成立了四个支队，乌兰任十一支队政委，兼任十二、十三支队政委。

新中国成立后，乌兰曾担任过内蒙古自治区党委委员、自治区人民政府委员、自治区妇联党组书记、主任，自治区经委副主任、党组副书记，中华全国总工会书记处书记等职务。于1987年4月5日去世，享年65岁。

# 哲学家罗布桑却丹

罗布桑却丹（1875—?），清末内蒙古卓索图盟喀喇沁左翼旗人，今朝阳凌源市万元店乡热水汤村人，是近代蒙古族哲学史上的重要代表人物。

1890年，罗布桑却丹被指派为旗佐领章京，后被指派到哲里木盟各旗普查由喀喇沁左翼旗迁往他乡的人员及户口。罗布桑却丹极力主张普及文化知识，并希望以此来拯救蒙古民族的命运。

1898年，罗布桑却丹想到拉萨去学习，但因经费不足，便留在北京雍和宫拜师学习蒙、满、汉、藏四种语言文字。1902年冬，罗布桑却丹参加清朝宫廷翻译考试，曾获“四种语言大师”的称号。同年，罗布桑却丹借驻北京蒙古王公府的机会，递交了一份“广译各种书丈，普及蒙地文化”的建议书。并为此东奔西走，花掉一千多两个人所积蓄的银子而不悔。

罗布桑却丹

1906年，罗布桑却丹应学部邀请，任北京“满蒙高等学堂”的蒙古文教师。第二年，罗布桑却丹又应邀东渡日本。执教于东京“外因语学堂”。罗布桑却丹在日本生活工作的四年间，接受了西方新文化思潮的影响，利用普及文化来拯救民族命运的决心更加坚定。罗布桑却丹回国后，又一次呈文，重申自己的主张。

罗布桑布丹一生坎坷，但他利用四年时间编纂而成的《蒙古风俗鉴》，却为人们留下了永恒的纪念。

“罗布桑却丹故居”石碑

## 《聊斋志异》作者蒲松龄

蒲松龄（1640—1715），字留仙，一字剑臣，号柳泉居士，世称“聊斋先生”，山东淄川（今山东淄博市淄川区）人，清代著名文学家、短篇小说家，有《聊斋志异》流传于世。

蒲松龄出身书香门第，自幼聪慧，学识渊博，十九岁即考得全县第一名，取中秀才。但以后参加科举考试，屡考不中，尽管其学识名闻乡里，但追求功名却始终没能如愿。直到71岁，才按

知识链接 **关于“聊斋志异”** “聊斋”是蒲松龄的书斋名，所谓“聊”就是在交谈，据说蒲松龄在他居住的地方附近设一茶棚，凡是进来的人不收银子，捧上一壶茶坐下来和客人闲谈，他就专门问一些奇闻逸事，“聊斋”便由此而生。然后，蒲松龄就把听来的这些事情经过自己的加工润色后记录下来。“志”变产生了（记录）。“异”当然就是旨在说明自己所记录的事情都是奇闻逸事。“聊斋志异”由此而生。

蒲松龄画像

例补为贡生。蒲松龄一生屡试不第，贫困潦倒，后人用八个字概括了他的一生：读书、郊游、著书、科考。

康熙五十四年（1715）正月二十二日，蒲松龄于在聊斋故居与世长辞，但是他为后人留下了宝贵的文学财富。

《聊斋志异》是一部文言短篇小说集，是以谈狐说鬼的形式，揭露当时现实的黑暗和官吏的罪恶，对科举制度和礼教也有所批判，并以同情的笔调描绘了青年男女相爱的故事。

## 18世纪杰出的天文科学家明安图

明安图（1692—1765），字静庵，内蒙古锡林郭勒盟正镶白旗人，清代著名的数学家、天文学家、测绘学家。

明安图自幼好学，可谓少年得志。1712年，年仅二十岁的他就参与编纂《律历渊源》，在历法、数学、音律方面初露才华；1713年明安图被提升为时宪科五官正职，主管日月五星的推算并组织编制历书；1751年任翻译科进士；1762年升任钦天监监正，负责钦天监工作。

明安图塑像

明安图一生中成果很多，代表性的成果有“割圆速比例法”。这种“割圆速比例法”，融汇中西数学的精华，达到了当时世界数学研究领域的高峰，为我国数学研究事业的发展开创了一个崭新

**知识链接　明安图星**

2002年5月26日，经国际天文学联合会小天体提名委员会批准，中国科学院和国家天文台把编号为28242的小行星命名为明安图星。这是第一次以古代少数民族科学家的名字命名，第一次在全国的县级地区命名，第一次以蒙古族人名命名。

同年，正镶白旗旗政府所在地查汗淖镇更名为明安图镇。2008年9月9日，中国科学院明安图天文基地在正镶白旗奠基。

明安图星证书

的局面。

明安图研究范围广泛、著述颇多，他不仅在数学方面成绩突出，还广泛涉猎了天文、历法、绘图等项科学事业的研究，成绩卓著。他参与刻制了蒙古文天文图，主持编纂了《历象考成后编》《仪像考成》等巨著。1755年至1760年他还曾经先后两次赴新疆考察，主持绘制了新疆西部地图。

明安图的学术贡献巨大，他的研究成果推动了中国数学、天文、历法、地理、制图等多项科学事业的发展，在我国的科学史上发挥了不可估量的作用。

# 卓越的地质学家李四光

李四光(1889—1971)，地质力学的创立者，我国杰出的地质学家。

李四光出生于湖北黄冈，自幼家境贫寒，但勤学不辍。从1902年到省城报考洋务学堂起，开始了他的求学、治学生涯。1905年以优异成绩获得留学日本的资格，1910年学成回国。

李四光

李四光在日本留学期间受孙中山革命思想影响加入同盟会，回国后参加了辛亥革命，革命失败后为寻找救国之路赴英国留学，1919年毕业于英国伯明翰大学，

**知识链接** **李四光星** 经国际天文学联合会小天体提名委员会批准，中国科学院和国家天文台把一颗小行星命名为“李四光星”，这是继明安图后第二次用蒙古族科学家的名字命名的小行星。

李四光塑像

获硕士学位。1920年毅然回国。先后担任北京大学教授、中国研究院地质研究所所长。在此期间，开始了古生物学、冰川学和地质力学的初创和教研工作。

新中国成立后，面对西方学者所谓中国无油论的论断，李四光冷静地运用他所创立的地质学基本原理，在科学地分析了中国的石油分布状况和储量的基础上，直接指导了中国大庆油田、大港油田、胜利油田的发现和开采工作，一举摘掉了中国是个贫油国的帽子。在新中国建设和发展史上立下了一座不朽的丰碑。

新中国成立后，李四光历任中国科学院副院长、中科院古生物研究所所长、地质部部长、中科院地质部委员、中国科协主席，第二至四届全国政协副主席。1958年加入中国共产党。是中共第九届中央委员，第一至三届全国人大代表。李四光一生著述丰厚、成果硕然，著有《中国地质学》《地质力学概论》《地震地质》《天文、地质、古生物》等。

# “试管山羊之父”旭日干

旭日干，蒙古语是“风暴”的意思。他是一位蒙古族牧民的儿子，一位著名的科学家、大学校长，被世界尊称为“试管山羊之父”。

旭日干是家畜繁殖生物学与生物技术专家。1940年8月24日出生于内蒙古科尔沁右翼前旗。1965年毕业于内蒙古大学生物系；1984年获日本兽医畜产大学兽医学博士学位；1995年当选为中国工程院院士。

1984年，载誉回到内蒙古大学的旭日干又投入到了试管绵羊和试管牛的研究，并用近两年时间主持筹建了内蒙古大学实验动物研究中心。1998年旭日干和他的助手培育出了中国第一代试管绵羊和试管牛，使我国成为在美、日等国家之后拥有这些技术的为数不多的国家之一。

旭日干院士与试管山羊

1998年，旭日干组建了旭日干高科技股份有限公司，以他的试管牛技术为依托进行示范性生产，并为区内外提供良种种畜试管胚胎和纯种牛冷冻精液。致力于用生物技术进行牛、羊良种繁育研究。

**知识链接** **试管山羊之父** 旭日干长期从事以家畜生殖生物学为中心的现代畜牧业高技术的研究。1982年，42岁的旭日干到日本农林水产省和日本兽医畜产大学做访问学者，他所做的精确的胚胎移植实验令日本同行们惊讶，指导他的花田章博士便把家畜体外受精这个世界性难题的实验研究工作交给了他。两年后的1984年3月9日晚8时，一只可爱的小山羊出生了。这只被取名为“日中”的世界上第一胎试管山羊，轰动了整个生物技术领域，旭日干因此赢得了“试管山羊之父”的美誉。

这位生在草原长在草原的博士，把满腔的热情投入到科教事业中，以渊博的学识丰富和拓展了生物学理论，首次探索出山羊、绵羊和牛精子体外诱导获能的途径，培育出世界首例试管山羊和国内首胎、首批试管绵羊、试管牛，并建立了规模化生产试管牛、羊的整套技术工艺。在家畜育种研究中创造性地应用体外受精的理论与技术，在国际上首次提出了试管内杂交育种技术，为家畜改良和育种开创了新的技术途径。

旭日干曾任内蒙古大学教授、校长，现任中国工程院副院长，是全国政协委员、中国科协副主席、中国畜牧兽医学会副理事长。

# 领先世界的新材料科学家其鲁

其鲁

其鲁，北京大学教授、博士生导师，国务院特殊津贴专家，是从大草原走向世界的材料科学家，我国钴酸锂、锰酸锂电池正极材料主要奠基人。出任2014年第二届中国（成都）锂电新能源产业国际高峰论坛学术委员会主席。

1957年10月，其鲁出生在草原一个蒙古族家庭，1977年考入内蒙古大学，1992年于日本东京大学获得理学博士学位，之后相继在日本的国立大学和化学材料公司从事教学和研究。在国外工作期间，由他率先发明的研究成果形成了10多项世界性专利，在美国、日本、加拿大等国家注册，并在各种权威刊物发表30余篇学术论文。其鲁成为站在世界领先技术前列的新材料科学家。

2000年9月，其鲁毅然回到阔别13年的祖国。他受聘于北京大学化学院应用化学系，创建了北京大学新能源材料与技术实验室，一边从事化学与新材料科学的教学科学的教学和科研工作，一边主持了多项国家锂电子二次电池研究开发项目。他创建的位于北京中关村的中信国安盟固利所属多家公司，领先于国内外首创了高效率低耗能的锂电池正极材料及铝塑膜动力锂电池生产技术，实施了锂电池材料的产业化和动力锂电池的生产，其中钴酸锂材料的产业化结束了中国在此领域长期依赖进口局面。

作为与北京2008科技奥运相关的多项国家和省部级重大项目负责人的其鲁，在国际上率先研制出了一系列电动汽车用高性能动力锂电池，还与国内外合作将动力锂电池应用于各种电动车辆上，并以2008年北京奥运会为开端，成功地实现了世界首次大规模的纯电动公交车“零故障”运行。

近年，其鲁把部分目光又转向了储能，并在研制“微电站”技术和产品应用方面取得了重要进展。以先进锂电池技术为核心的“微电站”提供了清洁的电能，方便地解决了远离电网的无电户人家的用电问题，因为迄今为止全世界数以亿计的人口今天还没有使用到电能，尤其是草原和高山及海岛上的广大居民们。

其鲁是2008年奥运会清洁能源电动车用动力电池项目首席科学家，国家“十一五”863电动汽车动力锂电池项目负责人，已经完成了10余项国家和省部级科研项目，在国内外发表论文100余篇，获得专利50多项；最近五年获得2项国家科技进步二等奖、2项北京市科学技术一等奖、1项教育部科学技术一等奖和“科技奥运先进个人”等多项国家和省部级奖励。

## 海军女科学家萨本茂

萨本茂，1924年出生，福州人。1950年毕业于福州华南女子文理学院化学系。1952年开始从事海军舰船应用化学的研究，为高级工程师。

萨本茂

新中国成立初期，在极端艰难的情况下，萨本茂研制成功了乙炔清净剂，其效率比进口的同类产品提高12.5倍。20世纪50年代末，研制了新型乙炔瓶填料，使安全系数极低的乙炔瓶变得万无一失。20世纪60年代初，研制了世界上第一根包玻璃钢尾轴，使其抗腐蚀能力远远超过进口不锈钢尾轴，寿命提高10倍。1977年，当她重新回到科研岗位时，奉献出20多项科研革新成果，被授予二等功军功章。

1978年，在全国科学大会上，萨本茂独自获三项重大科技成果奖，并被评为全国先进科技工作者。1985年获上海市巾帼一等奖，1986年获二级英模军功章，并被海军授予“热爱海军事业的模范党员”称号。

30多年来，萨本茂带领助手，先后获得了64项科研成果，撰写了67篇科研论文和技术资料。连续九年被评为上海市船舶工业公司先进生产者，四次被评为上海市劳动模范，两次荣获全国“三八”红旗手称号。

# 当代蒙古族作家玛拉沁夫

玛拉沁夫，中国草原文学的开拓者，又是当代蒙古文学的建构者，同时也是中国少数民族文学的奠基者。

1930年8月8日，玛拉沁夫生于土默特右旗土力根太平村一个贫寒的蒙古族家庭。玛拉沁夫4岁时举家迁至牤牛河西的黑城子。1945年，年仅15岁的玛拉沁夫成为“红小兵”，跟随“双枪红司令”——乌兰征战在辽西。1947年春，玛拉沁夫来到呼和浩特，参加了内蒙古自治区成立前后的工作。

玛拉沁夫

玛拉沁夫是我国第一位生动反映蒙古人民生活并引起较大反响的蒙古族作家，他的作品开创并奠定了蒙古族文学的大草原风格。建国初期，玛拉沁夫的第一篇小说《科尔沁草原的人们》，在《人民文学》重点刊发，得到广泛关注和好评。《科尔沁草原的人们》改编成电影《草原上的人们》，热播各地。玛拉沁夫的长篇小说《在茫茫的草原上》是新中国第一部反映蒙古族人民斗争生活的长篇小说，塑造了一系列具有独特生活道路和个性的人物。

玛拉沁夫的作品被译成英、法、日、俄、德、朝鲜、世界语等20余种文字。是玛拉沁夫极大地拓宽了蒙古族文学的历史存在，与浩瀚的世界文学结为一体。

1980年8月，玛拉沁夫奉调到北京，他筹建《民族文学》，主持全国少数民族文学评奖。一年后，玛拉沁夫担任中国作家协会书记处书记，他全面启动和改进少数民族文学工作，多方调动少

知识链接 **玛拉沁夫的作品** 玛拉沁夫的文学创作多产并且独具风格，涉猎长短篇小说、电影文学剧本、散文、报告文学，并且都引起较大反响。先后出版的有短篇小说集《春的喜歌》《花的草原》；中篇小说《第一道曙光》《玛拉沁夫小说散文选》；散文集有《远方集》等，电影文学作品有《草原晨曲》《沙漠的春天》和《祖国啊，母亲》等。

数民族作家的创作积极性，倾注心血扶持各族青年作家，正确而有力地促进了少数民族文学的空前繁荣。

# 旋风部队蒙古骑兵

蒙古人把骑兵战术推到了冷兵器时代的顶峰。长距离奔袭、迂回、包抄等骑兵的优势被发挥到了极限。

新中国开国大典时，蒙古骑兵昂首通过天安门广场，接受毛泽东主席以及30万现场群众的检阅。蒙古骑兵在解放战争中尽显铁骑威风，转战千里草原，肃清顽匪，抗美援朝时捐出心爱的战马，把这个兵种推向了顶峰。

蒙古骑兵箭袋与八思巴金字银牌

蒙古骑兵的特点是体格强壮，能适应战斗的需要，能在快速撤退时回头射击跟在其后的敌人，能够吃苦和忍耐严酷的气候条件，不贪图安逸舒适和美味佳肴。不容忽视的是，训练过程中形成的严格纪律和制度，使他们个个都忠诚无比，服从命令，英勇顽强。

蒙古人曾实行百户、千户制，全民皆兵，军官世袭。他们“上马则备战斗，下马则屯聚牧养”，战时自备武器装备出征，和平时期则是普通牧民。为了保证军队的战斗力，蒙古人通过大规模围猎来锻炼部众，对儿童也从小专门训练骑马射箭的能力。在成吉思汗的统帅下，蒙古骑兵成为当时世上最强大的军队，征服了前所未有的广大领地。

蒙古骑兵通过天安门广场

▲

骑兵纪念碑

蒙古马虽然体型较小，但适应力强，耐粗饲，易增膘，寿命长，十分适合长距离行军，无后勤保障作战，这些马随处能找到食物，在草原地形能日行军50~100公里，可以终年使役。蒙古马的母马哺育期可产奶三四百千克，这成为长时间在外作战，无须后勤保障的蒙古军的一个重要食物来源。

## 建立奇功的蒙民大队

解放战争年代，在东北活跃着一支蒙古族的子弟兵——蒙民大队。在党的领导和关怀下，这支革命民族武装，发展成为中国人民解放军的一个正规骑兵团。在解放战争中，铁骑驰骋，从辽西走廊到松辽平原，乃至塞北沙荒，都留下了他们的战斗足迹，在人民解放战争史册上写下光辉一页。

蒙民大队
首任队长
王保山 ▶

蒙民大队下设三个中队，一、二中队为步兵，三中队为骑兵。1947年初，蒙民大队转战到内蒙古林东。内蒙古自治区主席乌兰夫接见了排以上干部，亲自批准吸收蒙民大队全体指战员进入内蒙古自治学院学习。

蒙民大队保卫家乡当勇士，1946年6月中旬，部队奉命向蒙古族聚居的王府、佛寺等西部敌占区发起猛烈攻击，并彻底消灭了敌人，还缴获三十多支枪、一门迫击炮及粮食等物资。

转战塞北的蒙民大队，根据上级的具体部署，于1947年底，踏上转战塞北的征程。在艰苦的岁月里，和兄弟部队密切合作，胜利地进行了双合兴突围战斗和马鬃山战斗，保护了当地县区政府和人民群众的生命财产。

知识链接 **蒙民大队的组建** 1946年2月，中共阜新地委做出了建立蒙古族人民武装的决定。3月14日，阜新县蒙民大队成立，王保山（额日敦尼）任大队长，骆长胜（骆成全）任副大队长，县委和县大队给这支队伍发放17支长枪、10箱手榴弹。

东北全境解放后，这支经过战斗洗礼和严峻考验的蒙民大队，奉命随师奔赴新征途，为保卫边疆，巩固国防，建设新内蒙古，谱写了新篇章。

## “独贵龙”运动与席尼喇嘛

席尼喇嘛是反帝反封建的“独贵龙”运动的代表人物，是蒙古族民主解放运动的先驱。

席尼喇嘛原名叫乌力吉吉尔格勒。1907年，已经是王府衙门“笔帖式”的他，不惧王爷的威胁利诱，不当王府任命的“哈喇章京”，毅然决然地弃官出家，当了新喇嘛。蒙古语的“新”叫“席尼”，席尼喇嘛之名由此得来。

◀ 席尼喇嘛

席尼喇嘛领导的乌审旗“独贵龙”运动，坚持斗争达7年之久。1912年，“独贵龙”在海流图庙召开的会议上，席尼喇嘛被推选为公会主席。之后，席尼喇嘛同70多人结盟为兄弟，共同抗暴，这就是鄂尔多斯历史上著名的“七十安达独贵龙”。

1920年秋，伊克昭盟盟长派兵300多人到乌审旗的嘎鲁图庙，抓捕了席尼喇嘛等人。冬天的一个夜晚，席尼喇嘛被营救出狱。出狱后，席尼喇嘛到了北京雍和宫，此间，寻求民族解放道路的席尼喇嘛开始接受共产党的主张，并和李大钊有了接触，开始走上革命道路。

▲ 独贵龙运动签名图

1924年，席尼喇嘛回到故乡乌审旗，重新组织乌审旗“独贵龙”运动。他还带人到乌兰巴托，受到蒙古人民革命党领袖乔巴山的热情接待。还编写了《鄂尔多斯乌审旗升起了革命曙光》等

知识链接 **“独贵龙”** 蒙古语，意思是“环状、圆圈儿”。因为参加“独贵龙”的贫苦牧民开会时按环形席地而坐，发表决议文件或给官府呈文签名时也是环形的形状，以示大家一律平等，同时也避免暴露领导者，大有风险同当之意。

著作，并整理了许多蒙古文文献。

1925年，席尼喇嘛回国，在党的领导下，有组织地开展革命斗争，担任过内蒙古人民军第十二团的团长，使封建王公闻风丧胆。1929年2月，席尼喇嘛在乌兰陶勒盖部队驻地被叛徒暗杀，时年63岁。

席尼喇嘛牺牲后，草原人民深切怀念他，尊为民族英雄，他的事迹被编成民歌《席尼喇嘛》，在草原上广为传唱。乌审旗“独贵龙”运动旧址，被国家确定为全国第六批重点文物保护单位。

## 土尔扈特部
## 万里回归祖国震惊世界

土尔扈特部是蒙古族的一部分，自古就生息在我国西北部的森林和草原，是一个勤劳、勇敢，有着光荣历史的部落，游牧于伏尔加河中下游。

▲

土尔扈特人的帽子

由于不堪忍受沙皇俄国的压迫，1771年1月16日，土尔扈特部在渥巴锡汗的统率下，毅然举行武装起义，16万人回归祖国。

途中打退了俄国军队无数次的围追堵截，战胜了疾病和重重艰难困苦，行程万余里。1771年7月20日回到祖国，全部落仅剩6万多人。

万里回归 ▶

知识链接 **土尔扈特** 在托忒蒙古文中，“土尔扈特”一词的词根中有“强大、强盛”的意思。

渥巴锡汗率领土尔扈特部东返故土，万里回归祖国，创造了举世闻名的民族大迁徙的奇迹，震撼了当时的中国与西方世界。

# 达尔扈特人<br>守护成吉思汗陵800年创奇迹

一代天骄成吉思汗离开人世已800年，蒙古民族一个特殊部落守护他的英灵也经历了800年，这就是达尔扈特人！

达尔扈特人创造了人类祭祀文化的奇迹。

位于鄂尔多斯高原上的成吉思汗陵之所以神圣和庄严，就是因为达尔扈特人数百年如一日，历尽磨难守护成吉思汗的灵榇，并把这一特殊的祭祀文化完完整整地保持到现在。可以说，世界上其他任何一个民族中无法找到同样的例子！

达尔扈特人一般被称作“500户达尔扈特”，因为，新中国成立后的第二年，达尔扈特人达到500户，人口约2500人。经过半个多世纪的发展，达尔扈特人现在的人口已超过5000人。

达尔扈特守陵人

据介绍，现在有30户达尔扈特人专门守灵和进行祭祀活动，其他的达尔扈特人从事着各种职业。

知识链接 **达尔扈特人** 成吉思汗功臣的后裔。成吉思汗逝世后，由他重臣、要将的后代来守护和祭祀灵榇。这些人虔诚地日夜守护着像山一样的白室，祀之唯谨，不纳任何捐税，不服任何兵役，他们由于自古以来被赋予了神圣权利，因此就叫“达尔扈特人”。

五十年
烈庆祝阜新蒙古族自

# 第十一章 芳草连天 欣欣向荣

九十年来，历程辉煌。中国大地风雷激荡，我们的党指引着蒙古族在内的中华各民族阔步前进，不断谱写崭新篇章！

六十余载，史诗壮丽。蒙古族团结奋进，在中国特色社会主义道路上坚定不移向前走，再铸新的辉煌！

▲

辽阔的大草原

中国蒙古族人口为581万人，这是2000年人口普查的数据。主要分布在内蒙古自治区、辽宁、吉林、黑龙江、新疆、青海、甘肃，以及四川、贵州、河北、北京和云南、河南、重庆等地。

蒙古族经历了中华民族共同的历史命运，自明清以来的几百年间，历经了战乱与压迫。到了当代，在中国共产党的英明领导下，古老的蒙古族获得新生。六十多年来，步入现代民族历程的蒙古族，真正走向了光明和幸福的新生活。

# 区划分布及共同特点

1947年5月1日，在中国共产党领导下建立了内蒙古自治区，这是中国建立最早的一个民族自治区。之后又相继成立了九个蒙古族自治州、县。分别是：

甘肃省肃北蒙古族自治县（1950年7月29日）

新疆巴音郭楞蒙古自治州（1954年6月23日）

新疆博尔塔拉蒙古自治州（1954年7月13日）

新疆和布克赛尔蒙古自治县（1954年9月10日）

◀ 希望的草原

青海河南蒙古族自治县（1954年10月16日）

吉林前郭尔罗斯蒙古族自治县（1956年9月1日）

黑龙江杜尔伯特蒙古族自治县（1956年12月5日）

辽宁喀喇沁左翼蒙古族自治县（1958年4月1日）

辽宁阜新蒙古族自治县（1958年4月7日）

聚居的蒙古族，主要生活在蒙古族自治区、自治州、自治县；杂居的蒙古族分散在祖国各地，大都是在蒙古汗国和元朝时期，随着成吉思汗和忽必烈的用兵各地而逐渐定居下来的，也有的是历史上的民族迁徙、移民来到各地的。这也是中国民族史上的一大特点。

▲ 温情

任岁月更迭，春秋代序，无论是草原上的蒙古人，还是远离故乡的蒙古人，共同的特点依然是热爱——热爱自己生存的家园，热爱自己伟大的祖国，热爱自己英雄的民族及民族伟人，热爱本民族的传统文化。

## 祖国骄子内蒙古

内蒙古自治区简称内蒙古，是中国成立最早的蒙古族聚居的省级民族区域自治地方，成立于1947年5月1日，是新中国五个民族自治区成立最早的一个。地处祖国的北部边疆，边邻蒙古国

**知识链接** **呼和浩特** 蒙古语，意为“青城”。呼和浩特市是内蒙古自治区首府。

▲

雪驼

和俄罗斯联邦，依次毗邻黑龙江、吉林、辽宁、河北、山西、陕西、宁夏和甘肃八省区相近，靠近北京、天津两大都市。国境线长4221公里，是我国跨经度最大的省份。全区共居住有49个民族，其中蒙古族人口423.83万人。

碧野蓝天，天堂草原，内蒙古地域辽阔，面积达118.3万平方公里，占全国土地面积的1/8，居全国第三位，仅次于新疆和西藏。内蒙古自治区可利用耕地709.1万公顷，人均占有0.36公顷，是全国人均耕地的四倍。

内蒙古历史悠久，是“一代天骄”成吉思汗的故乡，境内有很多名胜古迹，有成吉思汗陵、昭君墓、五当召、席力图召、五塔寺、大召、美岱召；阿拉善左旗的延福寺；赤峰市的辽上京、辽中京、大明塔；鄂伦春自治旗的嘎仙洞等。

大漠孤烟，长河落日，内蒙古有独特的自然风光。内蒙古天然草场辽阔而宽广，总面积位居全国五大草原之首，是我国重要的畜牧业生产基地。草原总面积达8666.7万公顷，其中可利用草

草原晨曲

▼

**知识链接** **全国第一个民族区域自治地区** 1947年4月23日至5月3日，内蒙古人民代表会议在王爷庙（今乌兰浩特市）召开。会议决定5月1日为内蒙古自治区成立纪念日，民族区域自治在全国第一个得以实现，时辖32个旗、1个县、3个县级市，面积54万平方公里。1969年7月5日，将呼伦贝尔盟、哲里木盟、昭乌达盟分别划归黑龙江、吉林和辽宁三省；将阿拉善左旗、阿拉善右旗、额济纳旗分别划归宁夏和甘肃，1979年5月30日又重新划回内蒙古自治区。

场面积达6800万公顷，占全国草场总面积的1/4。内蒙古现有呼伦贝尔、锡林郭勒、科尔沁、乌兰察布、鄂尔多斯和乌拉盖6个著名大草原，是人们的感受草原风情的好去处。

▲

五畜彩车

内蒙古的工业在新中国成立后发展迅速，以采矿、冶金和稀土工业为骨干，毛纺、森工、机械、食品、建材、化工全面发展。成为全国重要的畜牧业基地之一，牧区草场肥美，三河马、三河牛和内蒙古细毛羊均为著名畜种。农区集中于河套平原与东南部丘陵谷地，出产小麦、莜麦、马铃薯等粮食作物和胡麻、甜菜等经济作物。内蒙古经济发展增速蝉联我国第一，人均生产总值近年连续六年保持西部第一位。

# 边境之地肃北蒙古族自治县

肃北蒙古族自治县，位于甘肃省西北部酒泉市。辖地分南北两部分，中间隔着敦煌、安西、玉门三个县市。

肃北蒙古族自治县地域辽阔，辖5乡2镇25个村委会，总人口13 109人，其中蒙古族占38.9%。是一个以蒙古族为主体的少数民族自治县，也是甘肃省唯一的边境县。全县总面积6.93万平方公里，约占甘肃省总面积的14%，是甘肃省人均占有面积最大的县份之一。

肃北蒙古族自治县历史悠久。早在春秋、魏晋时期就有先民居住，西晋已设县，之后历朝都在这里设镇置县。1937年设肃北设置局，1950年7月22日解放，7月29日正式成立肃北蒙古族自治县。

肃北蒙古族自治县是甘肃省重要的畜牧业基地。全县共有天

然草场4676万亩，其中可利用草场4189万亩，占草原面积的89.5%，主要饲养的家畜有绒山羊、高山细毛羊、牦牛、马、骆驼等。

肃北蒙古族自治县畜牧、矿产、水利、旅游资源丰富，民族风情浓厚，古文物遗址分布广泛。县境内有党河、榆林河、疏勒河、石油河四条常年河流，年径流量14.5亿立方，水能资源蕴藏量达26万千瓦。自治县境内野生动物分布广、数量多，已查明的有174种，占甘肃野生动物分布种类的25%，其中国家重点保护的野生动物有32种之多，主要有野马、野骆驼、白唇鹿、盘羊、岩羊、野牛、雪鸡等。1988年经甘肃省政府批准开辟了哈什哈尔国际狩猎场，常年接待国外客人前来狩猎。

自治县境内还分布着大量的岩画、石窟、壁画、浮雕、彩塑、城堡遗址和塞墙、烽燧等文化古迹，现已发现的有75处，其中被列入省级保护的文化点有5处。

## 华夏第一州
## 新疆巴音郭楞蒙古自治州

巴音郭楞蒙古自治州，简称巴州。位于新疆维吾尔自治区东南部，东邻甘肃省、青海省；南倚昆仑山与西藏自治区相接；西

知识链接 **巴音郭楞释义** 巴音郭楞，蒙古语意为“美丽富饶的流域”。

连和田、阿克苏地区；北以天山为界与伊犁、塔城、昌吉、乌鲁木齐、吐鲁番、哈密等地、州、市相连。横跨800平方公里，辖区面积48万平方公里，占新疆总面积的四分之一，是中国面积最大的地区行政级自治州，堪称“华夏第一州”。

巴州历史悠久，有几千年的开发历史。丝绸之路南中两道均通过巴州。西域三十六国在巴州境内有楼兰、若羌、且末、小宛、戎卢、山国、焉耆、尉犁等十一国。中华人民共和国成立后，于1950年4月12日成立焉耆专署。1954年6月23日撤销焉耆专署，分设巴音郭楞蒙古自治州（辖焉耆、和静、和硕三县）和库尔勒专署（辖库尔勒、尉犁、若羌、且末等五县）。1960年12月，库尔勒专署并入巴音郭楞蒙古自治州，州府由焉耆迁址库尔勒。1970年4月设置博湖县。1979年10月成立库尔勒市。1983年将库尔勒县并入库尔勒市，形成现在的八县一市格局。

巴州地域辽阔，国土资源十分丰富。全州境内共有大小湖泊69个，总面积2398平方公里。主要湖泊有博斯腾湖、罗布淖尔湖、台特玛湖、鲸鱼湖等。有塔里木河、孔雀河、迪那河、米兰河等主要河流。自然资源呈现多样性，动植物资源丰富。有野生动物73种，占全疆野生动物种数的56%；巴州分布的名贵野生动物有野骆驼、大天鹅、普氏原羚、塔里木兔、马鹿、罗布泊盘

团结奋进

知识链接 **巴州地貌** 分属天山山脉、塔里木盆地东部和昆仑山、阿尔金山等三个地貌区，基本格局似一个大“U”字形。境内有高山、盆地、河流、湖泊、戈壁、沙漠和平原绿洲。

楼兰古城遗址

羊、白尾地鸦、新疆大头鱼等，有野生植物2200多种。

巴州矿产资源丰富，已发现74种矿产，矿产地681处，其中有全国三大气田之一的塔里木天然气田。

旅游资源独具特色，全州旅游资源基本类型48种，除天山、昆仑山区、大漠、大湖、大草原、大戈壁自然景观，还拥有众多的历史遗迹和著名的人文景观，如铁门关、楼兰古城遗址、锡克沁千佛洞、米兰遗址等。

## 江格尔故乡
# 和布克赛尔蒙古自治县

江格尔塑像

和布克赛尔蒙古自治县，因和布克河、赛尔山（萨吾尔山）而得名。是英雄史诗《江格尔》诞生的源头，《蒙古—卫拉特法典》产生的摇篮，土尔扈特部西迁和东归之地。

和布克赛尔蒙古自治县位于新疆维吾尔自治区西北部，准噶尔盆地西北部。东邻阿勒泰地区，西与额敏县、托里县以白杨河

知识链接 **“和布克赛尔”释义** “和布克”系蒙古语，其意为“梅花鹿”；“赛尔”系“马背”的意思，山形似马背。

江格尔宫

为界，南部与玛纳斯县、沙湾县相接，西南部以乌尔河为界与克拉玛依市相连，北部与哈萨克斯坦共和国毗邻；县城和布克赛尔镇距乌鲁木齐市公路里程495千米。总面积3.06万平方公里。

和布克赛尔蒙古自治县在先秦时期是塞种人的游牧地。宋朝时属西辽汗国，称为霍焞，是历史文献上出现最早的该地地名。元末属斡亦剌四部之一的土尔扈特部的游牧地，称霍博克萨里。

1954年9月10日成立自治县，全县总人口5.9万人（含兵团），由蒙古族、汉族、哈萨克族、维吾尔族、塔塔尔族等19个民族组成，和布克赛尔蒙古自治县辖两个镇、5个乡。

16世纪的准噶尔蒙古人

地势北高南低，北部为低山、丘陵，南部为古尔班通古特沙漠，中部为山前冲积平原。水资源有纳木郭勒河、和布克河、玛纳斯湖等。

和布克赛尔蒙古自治县地域辽阔、资源丰富、历史悠久，多姿多彩的地貌、秀丽迷人的山川景色，古老的人文遗迹，浓郁的民族风情，形成了具有地方特色的旅游景观。主要旅游景区有：江格尔旅游文化、“魔鬼城”景点、蒙王府热气泉旅游度假区、哈尔尕图（松树沟）生态旅游区、道尔本厄鲁特古城遗址、巴音云都尔敖包等。

# 世外之灵壤
# 博尔塔拉蒙古自治州

博尔塔拉蒙古自治州，有“西来之异境，世外之灵壤”美誉。

地处亚欧大陆腹地，位于新疆维吾尔自治区西北部，在准噶尔盆地西缘，东连塔城地区，南接伊犁哈萨克自治州，西北部与哈萨克斯坦相连。自治州西、北、南三面环山，中间是喇叭状的谷地平原，全州地表像一片海棠叶，东西长315公里，南北宽125公里。总面积2.7万平方公里，边境线长380公里，是“丝绸之路”新北道的枢纽地段，312国道横贯全境，第二座亚欧大陆桥的贯道和国内西桥头堡——阿拉山口口岸的兴起，使博尔塔拉成为我国连接中亚和欧洲各国及向西开放国际贸易大通道的前沿基地。州人民政府所在地：博乐市。

阿拉套山西端的厄尔格图尔格山海拔高度4569米，是全州最高点。东北部的艾比湖海拔仅189米，是全州最低处。地貌特征大致由南北两侧山地、中部博尔塔拉谷地和东部艾比湖盆地三大单元组成。

博尔塔拉蒙古自治州是一个农牧结合的地州，地形由东向西呈坡形逐渐增高，宜农、宜牧、宜林、宜渔，是全国优质棉基

博尔塔拉纪念园

**知识链接** **博尔塔拉释义** 博尔塔拉，蒙古语意为“银灰色草原”，属于中国西部第一门户。

地，外向型农业不断发展，出口农产品已达30多种。

独特的地理环境和悠远的历史，造就了博尔塔拉独特的旅游资源。著名的自然风景有集高山、湖泊、草原为一体的国家级风景名胜区赛里木湖；有巧夺天工中国西部罕见的山石景观——怪石峪；曲径通幽的国家级森林公园哈日图热格；有被誉为仙泉、天泉和圣泉的阿尔夏提温泉、鄂托克赛尔温泉和博格达尔温泉；有比恐龙还要古老的世界独有的“活化石”、孑遗动物新疆北鲵；人文旅游资源有分布广泛的草原石人、古城遗址、岩画群、古墓群及出土文物；有新疆三大旅游节之一的集文体活动与民族风情于一体的“那达慕”草原节。

## 聚宝盆之地
# 海西蒙古族藏族自治州

海西蒙古族藏族自治州，地处青藏高原北部，青海省西部，因在青海湖以西，故称“海西”。北邻甘肃省酒泉地区，西接新疆巴音郭楞蒙古自治州，南与本省玉树、果洛藏族自治州相连，东与本省海北、海南藏族自治州为界。

海西州第五届“那达慕”暨柴达木第七届“孟赫嘎拉”文化节开幕式

海西蒙古族藏族自治州东西长837公里，南北宽486公里，总面积32.58万平方公里，占青海省总面积45.17%。州域主体是中国四大盆地之一的柴达木盆地。

自治州建政于1954年1月25日，时称海西蒙古族藏族哈萨克族自治区，1955年改称海西蒙古族藏族哈萨克族自治州，1984年5月，根据青海、新疆两省（区）座谈会议纪要，州内的哈萨克族群众全部迁回新疆；1985年4月经国务院批复，更名为海西蒙古族藏族自治州。

柴达木盆地素有“聚宝盆”的美称。全州现已探明储量的矿产57种，矿产地281处；柴达木盆地是野生动物重点保护区之一，有96种野生动物，其中属国家一、二级重点保护的动物30余种；盆地的野生植物资源丰富，其中药用植物有枸杞、冬虫夏草、麻黄、甘草、锁阳、雪莲、大黄等；纤维植物有芦苇、罗布麻、芨芨草等。

## 马头琴之乡
# 前郭尔罗斯蒙古族自治县

▲

查干湖冬捕

前郭尔罗斯蒙古族自治县，简称前郭县。位于松花江南岸，吉林省西北部，松嫩平原南部，隶属于吉林省松原市，幅员6980平方公里，东西长136公里，南北宽130公里，呈“靴”形。全县辖22个乡（镇）、16个国有农林牧渔场、233个行政村，户籍人口58万。有蒙古、汉、满、回、朝鲜等25个民族，其中，蒙古族人口占11%。1956年1月，国务院决定撤销郭尔罗斯前旗建制，成立前郭尔罗斯蒙古族自治县。

历史悠久，文化厚重。据考证，早在13000年前，古青山头人就在这里繁衍生息。郭尔罗斯现有各类古迹遗址100多处，有

知识链接 **“郭尔罗斯”释义** “郭尔罗斯”源于蒙古古部落名“豁罗剌斯”的音译，意为“江河”，前郭尔罗斯位于松花江南岸，故有“江南”之意，是吉林省唯一的蒙古族自治县。

省级保护文物：辽金古城遗址塔虎城、清代满蒙文石碑、哈拉毛都蒙古族王爷府旧址等，还有查干湖、水龙坑、荷花塘等自然景观。尤其是全县各级非物质文化遗产保护项目99项，其中国家级9项，创造并保持着“2008把马头琴齐奏”和“单网冰下捕鱼16.8万公斤”的两项吉尼斯世界纪录。被文化部命名为“中国马头琴之乡”和“中国民间文化艺术之乡”。

▲

前郭尔罗斯蒙古族自治县查干花蒙古族学生马头琴表演

资源富集，生态良好。前郭县素有“塞上江南”、“鱼米之乡”之称。草原、江河、湖泊、湿地等独具特色的资源，构成了前郭县的典型地域特色。境内有全国十大淡水湖之一的查干湖，总面积500平方公里，是国家4A级旅游景区、国家级自然保护区和国家级水利风景名胜区。松花江和嫩江在境内流经93公里，年过境量为360亿立方米。全县现有耕地340万亩，盛产玉米、水稻、杂粮等粮食作物，是国家重点商品粮生产基地县。共有草原270万亩，年产优质牧草18万吨，是国家级草原建设基地县、良种细毛羊生产基地县。矿产资源十分丰富，已探明石油储量3.2亿吨，天然气储量1000亿立方米，油母页岩、膨润土、紫砂陶等储量可观。

▲

郭尔罗斯博物馆

区位优越，交通便捷。县内有全国大型灌区之一的前郭灌区、查干湖省级旅游经济开发区、郭尔罗斯省级工业集中区、三个市级工业园区和两个市级牧业园区。中石油吉林油田分公司、中化集团长山化工有限公司、中国大唐集团长山热电厂、中石化东北油气分公司、东北输油管理局等5户中直企业坐落境内。长白铁路南北贯穿全境，铁路总里程105公里，从县城可直达北京、长春、大连、齐齐哈尔、乌兰浩特等城市。

经济持续增长，发展势头强劲。县域经济综合实力位居全国120个少数民族自治县之首，连续多年荣获“中国中小城市科学发展百强”、“中国最具投资潜力中小城市百强”和“中国最具区域带动力中小城市百强”称号。

## 绿色净土
# 杜尔伯特蒙古族自治县

杜尔伯特蒙古族自治县是黑龙江省唯一的少数民族自治县。全县辖11个乡镇、12个农林牧渔场，辖区面积6176平方公里，总人口25.05万人，有蒙古、汉、满、达斡尔等17个民族，其中蒙古族人口占总人口18.2%。

▲

秋牧

历史悠久，源远流长。公元15世纪，元太祖成吉思汗之弟哈布图哈萨尔第十六世孙爱纳嘎率部游牧于此。清顺治年间，蒙古地区实行盟旗制，1648年杜尔伯特部建为杜尔伯特旗，隶属哲里木盟。新中国成立后，经国务院批准，1956年撤旗建县，先后隶属嫩江地区、齐齐哈尔市、大庆市。

知识链接 **“杜尔伯特”释义** 杜尔伯特，蒙古语，意为“四”。据《蒙古秘史》载，成吉思汗的十二世祖道布莫尔根之兄道蛙锁呼尔有四个儿子，被称为杜尔伯特氏，世代相因，游牧于嫩江两岸，成为杜尔伯特部。

资源丰饶，物产丰富。“草、水、苇、药”堪称黑龙江省“四大之最”。草原面积最大——境内有草原469万亩，占总幅员的50.7%，宜牧草场可饲养大牲畜30万头（匹）。水域面积最大——嫩江流域境内100多公里，境内有大小湖泊201个，水面

▲

杜尔伯特大草原

达205万亩，可养鱼水面140万亩，水产品产量每年都超万吨。苇地面积最大——有苇地87万亩，占全省苇地面积的27%，年产商品苇在15万吨左右。中草药材品种最多、储量最大——盛产孩风、龙胆草等129种中草药材，总储量达1亿公斤。地下还有丰富的石油、天然气、砂矿、地热等资源，是大庆外围油田的主要产区。

地理位置优越，交通便利。东与大庆市、林甸县为邻，西与泰来县、吉林省镇赉县隔江相望，南同肇源县毗连，北同齐齐哈尔市相接。县人民政府所在地泰康镇距哈尔滨市200公里、距大庆市55公里、距齐齐哈尔75公里。铁路、公路、水路等纵横交错的交通网络连接了城乡，沟通了内外。

自然风光秀丽，民风独特。境内自然资源从未受过污染，被欧盟及国内绿色食品认证组织誉为“绿色净土、天然宝石”，“绿珍珠绿豆”、“富硒大米”等20余个绿色品牌享誉海内外。境内不但拥有杜尔伯特大草原、连环湖等自然景观，而且还有众多古文化遗址，每年都有近百万中外游客到此观光。

▲

阜新蒙古族自治县50年县庆千人旗鼓表演

## 玉龙故乡

# 阜新蒙古族自治县

阜新蒙古族自治县，简称阜蒙县，俗称“蒙古贞”，位于辽宁省西北部，阜新市辖县。东与彰武、黑山、新民相连；西与北票毗邻；南与北镇、义县相接；北靠内蒙古库伦旗、奈曼旗。全县辖35个乡镇，总面积6339.4平方公里。

全县现有总人口约73万，有蒙古族、汉族、满族、回族、锡伯族、朝鲜族等24个民族。蒙古族人口约15万，占全县总人口的20.5%，分布在全县各地，其中在佛寺、大板、王府、沙拉、大巴、哈达户稍、红帽子等乡镇聚居较多。

历史悠久，源远流长。“蒙古贞”源于一个古老、人数众多的活跃而强悍的部落。史书记载为“忙豁勒真”、“蒙郭勒津”等，今称为“蒙古贞”。早在1200多年前，“蒙郭勒津”部落与土默特部落共处于一个共同体中，驻牧于河套地区。17世纪20年代，向东到今阜新地区定居。

清光绪二十九年（1903），在土默特左翼旗疆域范围内建立了阜新县，实行旗县并存、蒙汉分治制度。1945年9月成立了在中国共产党领导下的人民政权——阜新县政府。1958年4月7日，经国务院批准，成立阜新蒙古族自治县。县府驻阜新镇。

物产丰富，交通便利。全县耕地面积20.4万公顷，农作物主要有玉米、高粱、花生、大豆等10余种。畜牧业发展势头强劲，奶牛存栏达到3.5万头。全县有林地面积达到350万亩，森林覆盖率为32%。现在已知的野生植物有800多种，分别归属于110个科。经济价值较高的树种有落叶松、樟子松、油松、侧柏等。县境内黄金、煤炭、铁矿石、石灰石、玛瑙石、麦饭石等矿产资源丰富，已探明矿藏达29种190多处。工业生产门类齐全。有冶金、化工、轻工、机械、建材、食品、采矿、建筑等20多个行业。有20多种产品被评为省优、部优产品，有的已获国际食品博览会金奖，产品打入国际市场。

城建、交通、通信事业发展迅速。京沈、广奈、沈阜公路贯穿全县，新义、大郑两条铁路经过县境，可直达北京、沈阳、锦州等大中城市和环渤海各港口。

名胜古迹，闻名遐迩。有距今8000年的查海遗址，被考古界称为“中华第一村”、玉龙故乡；有被称为藏传佛教中心的瑞应寺；境内的塔营子乡被确认为“张三丰故乡”；有被誉为“东方一大奇观”的海棠山摩崖造像等。

▲

关山敖包

文化艺术，独具特色。阜新蒙古族自治县文化底蕴丰厚，内涵丰富，种类繁多，涉及广泛，具有很高的艺术价值。阜新蒙古族自治县高度重视民族文化建设工作，每年都举办蒙古贞歌会、

**知识链接** **查海遗址**

查海遗址位于辽宁省阜新蒙古族自治县沙拉乡查海村西五里，当地称为“泉水沟”北坡的向阳扇面台地上，距阜新市区25公里。1982年发现，到目前已进行过7次发掘，发掘7600平方米。揭露出遗迹、遗物有房址、陶器、石器、玉器等。经测定，这个遗址，年代为距今约8000年，是目前东北地区发现的时代最早的一处新石器时代遗址。

查海遗址为代表的遗存称作“查海文化”。查海文化的典型代表是玉文化和龙文化，又称“玉·龙文化”。查海遗址出土的玉玦做工之精，尤为令人叫绝，堪称“世界第一玉”；出土的龙纹陶片，堪称“华夏第一龙”。查海文化是红山文化的源头，被称之为5000年文明曙光的牛河梁“女娲庙”就源于这里，因此，查海遗址堪称“中华第一村”。为此中国著名考古学家苏秉琦先生为查海遗址题词：“玉龙故乡，文明发端”。

蒙古剧调演和胡尔沁说书比赛。2006年“胡尔沁说书”列入国家非物质文化遗产名录，2008年“阜新东蒙短调民歌”列入国家非物质文化遗产名录。2009年阜新蒙古族自治县举办了首届中国——阜新敖包文化节，充分展示了蒙古贞特有的文化风采。

喀左紫砂工艺品《家园》

## 金鼎之地

# 喀喇沁左翼蒙古族自治县

喀喇沁左翼蒙古族自治县，简称喀左县，自古就有“金鼎之地”、“塞外明珠”之美誉。地处辽宁省西部朝阳市南部、大凌河上游的丘陵地区，属于京津唐经济圈和东北经济圈交汇处。1958年经国务院批准撤旗建县。总面积2238平方公里，辖23个乡镇农场和工业园区，43万人口。有汉、蒙古、回、满、朝鲜等20个民族，少数民族以蒙古族居多，占总人口21%。县人民政府驻地大城子镇。

历史悠久。喀喇沁部远祖为游牧于中亚草原今伊朗境内的乌古思人，东迁后与朵颜乌梁海合二为一，仍以喀喇沁为部落名称，而乌梁海人其首领是者勒蔑的后裔，者勒蔑就是被一代天骄成吉思汗誉为“四杰”之一的爱将。1635年起置喀喇沁左翼旗长

50周年县庆

达300年之久。这里自西汉时置县。后金天聪九年（1635）置喀喇沁左翼旗。1958年成立喀喇沁左翼蒙古族自治县。

环境优美，自然景观天成。境内海拔1091.1米的楼子山翘首渤海，雄姿壮丽；龙凤山森林公园融奇石、怪柏、古刹、异洞于一体，被评为“最受游客喜爱的辽宁五十佳景”；有凌河景区、洞上旅游专业村、瓦房店水库、云城山庄等景区。

▲

广场雕塑

文化鼎盛，乌梁海氏家谱是世界上最大的蒙古族族谱。全县有历史文化遗址760处。《喀左东蒙民间故事》被国家列为第一批非物质文化遗产，县境内有距今10万年前的鸽子洞古人类遗址，有被考古学界称为“中华第一祭坛”的东山嘴祭祀遗址，以及震惊中外的“喀左中国暴龙”化石，有北方三大道观之一的天成观、利州千年佛塔等众多古迹。是《史记》所载商朝孤竹国两位王子伯夷、叔齐互让王位的发生地，也是春秋时管仲用老马引领齐桓公和齐军走出迷谷瀚海即“老马识途”成语的出处地。东汉曹操北征乌桓于此涉白狼水（今大凌河）登白狼山（今大阳山），凯旋时写下千古名篇《观沧海》。

21世纪以来，喀喇沁左翼蒙古族自治县在全省第一个实现高中教育城市化，在全省第一个实施初中教育城市化，成为全国科技进步县、全国体育先进县和全国婚育新风进万家先进县。

知识链接 **县名之由来** 喀喇沁左翼之名始于后金天聪九年（1635）。据《蒙古游牧记》记载：“苏布地从叔父色楞，初为所部塔布囊，天聪九年（1635）诏编佐领以色楞掌管左翼，授札萨克，顺治五年（1648）叙功封镇国公，世袭罔替。”“喀喇沁”，原为部落名称，蒙古语是“保卫”或“看守”之意。

## 传奇之地
# 围场满族蒙古族自治县

围场满族蒙古族自治县，位于河北省最北部，东邻内蒙古赤峰市，北接内蒙古克什克腾旗，南及西南分别与本市的隆化和丰宁两县相连，距历史文化名城承德市153公里，距首都北京340

坝上草原

公里，是冀蒙交界地区重要的交通枢纽。

围场地处大兴安岭余脉、蒙古高原和燕山余脉交汇处，地势西北高、东南低，海拔750~2067米，县城海拔850米。

围场满族蒙古族自治县隶属于河北省承德市。全县总面积9219.72平方公里，是全省面积最大的县。共辖37个乡镇、312个行政村，总人口51.6万人，其中以满族、蒙古族为主的12个少数民族人口29万人，占总人口的56.2%。1989年6月29日经国务院批准，设立围场满族蒙古族自治县，它是承德市人口第一大县，

木兰秋狝图

知识链接 **木兰围场** 清代皇家猎苑。木兰，满语，“哨鹿”的意思，是一种诱杀的打猎方法。光绪二年（1876）设围场厅，1913年始建围场县，厅、县均因木兰围场得名。1989年设围场满族蒙古族自治县。2005年，木兰围场被评为“中国最美丽的地方”之一。

坝上
梅花鹿

河北省面积第一大县，全国唯一一个满族蒙古族自治县。

围场曾是著名的清代皇家猎苑，有众多富有传奇色彩的历史文物古迹和自然景观。境内现存有康熙点将台、乾隆七通碑、将军泡子、燕赵古长城等历史遗迹60多处。还拥有100万亩人工林的塞罕坝国家级森林公园，20万亩优质草场红松洼国家级草原自然保护区和御道口草原三大景区等。围场先后被国家有关部门命名为“全国生态示范区”、国家4A级景区。

# 图片提供者

（按姓氏笔画为序）

**亿力奇**
第169页
第170页
第212页
第213页（两幅）
**巴义尔**
封面
封底
第14页
第19页（下）
第22页（下）
第23页（下）
第24页（三幅）
第25页
第45页（下）
第47页（右）
第53页（上）
第59页（上）
第66页
第75页（上）
第79页（两幅）
第94页
第104页
第106页（上）
第109页
第111页
第113页（上）
第163页
第174页
第175页
第183页（下）
第195页（下）
第196页（上）
第202页
第203页（上）
第204页（两幅）
第205页
第206页
**巴拉吉尼玛、张继霞**
第37页（上）
第137页
第188页
第189页（两幅）
第191页
**《中华文明大博览》**
第51页
第52页（两幅）
第56页（下）
第58页（两幅）
第59页（下两幅）
第60页（两幅）
第62页
第63页（下）
第128页
第136页（上）
《中国人物画经典·元代卷》
第50页
第54页（下）
第57页（下）
第63页（上）
**乌日切夫**
第16页
**文浩**
第117页
第188页（下）
**王延青等**
第18页
第31页（下）
第32页（下）
第34页
第35页（上）
第37页（下）
第39页
第43页（左）
第48页
第53页（下）
第55页（上）
第61页（下）
第145页
**白忠祥**
第221页
**辽宁民族出版社**
第73页（下）
第93页（上）
第131页
第132页（两幅）
第147页（下）
第179页（下）
第196页（下）
第193页
第217页（两幅）
第208页（上）
第218页（下）
**刘东燎**
第77页
第78页
第128页
第208页（上）
第218页（下）
**刘玉山**
第125页
第126页（两幅）
第127页
第129页（两幅）
第130页（两幅）
第133页（两幅）
第134页（上）
**刘国军**
第154页
**《吉祥内蒙古》**
第113页（下）
第152页
第162页
第171页（下）
第185页（上）
**孙敬文**
第67页
第87页（下）
第93页（下）
第94页
**齐放**
第74页
第93页（下）
第106页
第107页
第110页
第111页
第141页（上）
第158页
第159页（上）
第200页
第216页
**何·特木勒**
第140页
**妥木斯**
第118页（下）
第122页
**李惠芳**
第85页（上）
第90页（上）
**阿勒得尔图**
第12页
第20页
第26页
第27页
第28页（下）
第29页
第30页（上）
第31页（上）
第33页
第46页（两幅）
**《图说天下·元》**
第49页
第56页（上）
第57页（上）
第61页（上）
第64页
第65页（三幅）
**奇景江**
第13页
第92页
第99页
第115页
第139页
第197页（两幅）
**林岱**
第176页（上）
第198页（两幅）
**侯宝信**
第219页
**侯建华**
第100页
**哈达奇·刚**
第70页（下）
第71页（下）
第81页（两幅）
第83页（上）
第84页
第85页（下）
第87页（上）
第148页
**思沁·毕力格图**
第30页（下）
第32页（上）
第42页（下）
**科尔沁右翼中旗**
第78页
**胡特巴亚嘎**
第92页（下）
**《草原帝国》**
第14页（下）
第15页（下）
敖志刚
第171页（上）
第214页
第215页
**特·官布扎布**
第17页（上）
第178页（下）
**秦建文**
第94页
第211页（下）
**都古尔加甫**
第98页
第99页
第176页（下）
第198页
**《清代蒙古志》**
第220页（下）
**萨仁图娅**
第15页（上）
第22页（上）
第35页（下）

第38页（上）
第40页
第44页
第42页（下）
第54页（上）
第68页（上）
第72页（下）
第80页（两幅）
第82页
第86页
第90页（下）
第91页
第92页（上）
第96页（上）
第97页（下）
第100页（上）
第101页
第104页（下）
第105页（上）
第106页
第107页（上）
第108页（下）
第112页（下）
第114页（上）
第115页（两幅）
第116页
第117页
第118页（上）
第119页
第120页（两幅）
第121页
第123页
第138页
第144页
第146页（下）
第147页（上）
第149页
第150页
第153页
第155页（两幅）
第159页（下）
第161页
第163页
第164页（两幅）
第169（上）
第173页
第174页
第180页
第187页（下）
第192页
第194页
第195页（上）
第197页（下）
第199页（上）
第208页（下）
第209页（两幅）
第212页
第217页（上）
第218页（上）

**谢长兴**

第203页（下）

**韩洋**

第103页

**韩伟林**

第124页

**鲍洪飞**

第141页（下）
第142页（下）
第143页（下）

**赛娜**

第16页（下）
第17页（下）
第21页
第55页（下）
第102页
第108页
第135页
第136页
第142页（上）
第143页（上）
第148页
第151页
第156页
第160页
第165页
第166页
第167页
第168页
第172页
第177页
第178页（上）
第182页
第183页（上）
第184页
第185页（下）
第187页（上）
第188页（上）
第190页
第192页
第193页
第199页（两幅）
第201页
第207页
第209页（下）
第210页
第220页（上）

# 后记

岁次甲午，马蹄踏雪，梅花吐蕊春来早；节令尚冬，快绿萌动，我暖暖的心灵充满感动。

2012年1月，本书作为《走近中国少数民族丛书》首批推出的大型民族知识宣传普及读物，出版后受到广泛关注。

2013年1月，中华人民共和国国家民族事务委员会文化宣传司和辽宁出版集团有限公司在北京举行出版座谈会，来自中华人民共和国国家民族事务委员会、中华人民共和国国家新闻出版总署、中国作家协会、辽宁省新闻出版局等有关方面负责人，以及北京大学等在京各民族专家、学者出席，并给予高度评价和肯定。尤其是中华人民共和国国家民族事务委员会副主任丹珠昂奔、中国作家协会书记处书记白庚胜、时任《民族文学》主编叶梅、中国作家协会肖惊鸿博士等的肯定，令我深受激励，我当时是作为作者代表发言。

三度春秋，此书再版，我由衷高兴，感慨颇多。

因缘际会，实有荣焉，能够书写本民族历史及现实社会生活，解析古老与传奇的民族脉息，把一个豪迈、英勇、鲜活、多彩的马背民族，与大草原一样生生不息生命活力旺盛的民族特质，展示给读者；把古老、雄浑与神奇的精神记忆，超越时间和地域的文化心理以及韵味悠长的多姿多彩的蒙古族文化，展示给世界，心里自是欣慰，交织着自豪和磅礴的感受。

回望，不仅仅是回望。对于蒙古人来说，雄鹰飞得再高，骏马跑得再远，也不会忘记落地生根的大草原。走过往昔岁月的坐标，沿着时间之河漫溯，为了选择存在的立足点与走向未来的出发点。

大草原辽阔无边，赋予蒙古民族奇特的历史大舞台；游牧文化神秘隽永，是我国文化之园的一朵奇葩并充满永恒魅力。我在浩瀚悠远中博采精湛，在多元一体里解读神奇独特，以新的视角来审视建构，力求呈现自然性与独特性，兼具史料性及可读性。我尽力全方位展现与书写，从蒙古族的厚重历史、绚丽文化、独特风情、原始崇拜与宗教信仰、名胜古迹与风光概览，到人物春秋与历史记忆、芳草连天欣欣向荣的当代民族地区，我力求写得翔实生动一些，使读者既能了解蒙古族的历史渊源与文化精华，又能有欣赏的情趣与韵味。写的过程，注重了文化形态的释义，一个人物——成吉思汗，一个朝代——元朝；解析蒙古族，提炼民族特质，尤其是崇尚大自然、敬畏长生天的游牧文化精神特质；万里东归的土尔扈特部体现出来的眷恋祖国与家园的永恒情结与不屈特性，千年守陵的达尔扈特部表现的忠贞与坚守。在历史大幕下，我有生命之轻与民族之重的感觉。

逝去的是时光，留下的是瑰宝。发掘蒙古族的历史文化积淀，梳理游牧文明的文化传统，展示马背民族的文化景观，这一切之于写好一本书，都是不可或缺的，但这只是构成文本的要素而不是文本本身，文本则是民族文化血脉的继承和文化基因的承载体。一个民族之所以能屹立于世界民族之林，就是因为有独特的文化，民族文化是我们的根。

百代千秋，浩气九霄，蒙古族历史悠久，史籍浩瀚，文化壮美，风俗独特，我在力求系统、准确地阐释的过程中，查阅了目力所及的蒙古族文献及有关资料，恕没一一列出，相信能体谅我在努力使自己的视点真实准确和各家的视点相一致，我也在努力自成体式，融入自己的思考与解读，力求与当代生活紧密相扣。

燃生命火，奏心弦歌。能够以文字点燃自己，照亮别人，是一个作家的职责。我对自己民族的历史文化，怀有敬畏，还有源自内心的真诚。民族文化是我们的根，包含着民族历史、地理、风土人情、传统习俗、生活方式、文学艺术、行为规范、思维方式、价值观念等。我在写作过程汲取民族精神养分，讲自己想讲的事，说自己所想之理，知性因素与性情因素并重，因此这本书涉及的是我心中特别有过的感受的蒙古族文化形态及释义，并不覆盖所有的民族认知领域。限于篇幅与统一规格，不能全面展示蒙古族的雄壮与多彩。再版时对原书进行了一些调整，着重调换图片并注明提供者。丰富神奇的民族文化，是我终身受用的财富。

写作过程，我很感动，得到本民族及其他民族兄弟的真诚协助与鼎力支持。图片资料，我自己拍摄了一些，更多的是来自地北天南，《中国文化报》驻内蒙古记者站站长阿勒得尔图主编的《成吉思汗中外画集》，内蒙古学者哈达奇·刚编辑整理的已逝摄影家突克齐·孟和那顺的《中国蒙古族游牧文化摄影大全》；雍和宫管理委员会主任鲍洪飞赠送《雍和宫》画册；青海省海西蒙古族藏族自治州秦建文提供图文资料；沈阳摄影家刘东燎、摄影师孙静文、艺术家侯建华分别提供了精美草原风光照片；四川何·特木勒、吉林亿力齐、李惠芳，黑龙江敖志刚，阜新蒙古族自治县摄影家齐放，新疆都古尔加甫，乌审旗奇景江，德令哈市人大常委会主任秦建文，内蒙古作家韩伟林，朝阳市刘国军、谢长兴以及泰丰总裁韩洋等各地的民族兄弟，提供珍贵图片及相关资料，对王延青、思沁·毕力格图、特·官布扎布等蒙古族名家，一并诚挚致谢！

再版之际，我还要特别向巴义尔致谢，这位著名摄影家与蒙古文化播火者，以深沉大爱与深厚功力称著，其厚重的摄影画册《蒙地色彩》与《游牧色彩》荟萃蒙古民族与草原风土人情的精彩，任我选用，为本书增添了分量与光彩！民族画报社的鹰鸽妹妹竭诚相助，午夜还在为我传照片的情意无法忘怀！

民族兄弟姐妹血浓于水的挚爱亲情，是我的依傍和温暖，是我的力量与源泉！

腊尽春归，羊毫任挥。我们在岁月中轮回，又在生命的旅途中前行。文化，是一个民族得以传世的无言魅力；文化传承，是民族历史的见证和写照，是民族生存和发展的内在源泉。精神家园，是一个民族的文化和精神的寄托和归宿。以绚丽多彩的民族文化，建设中华民族共有精神家园，我参与其中，甚感欣慰。

人生几许岁月，文章一寸丹心，民族情结和作家责任，使我在民族文化的巨流中泛舟，不断感受、提炼、思考、熔铸，把有限的认知融入无限的永恒。

藉一部《走近中国少数民族丛书·蒙古族》，涓滴细流在中国文化巨川中，激起些美丽的浪花，如能这样，所做的努力就有了意义！

萨仁图娅

2014年12月